이제부터

진짜 자치

빛의혁명 시민과 함께

빛의혁명 시민과 함께

이제부터 진짜 자치

초판 1쇄 인쇄 2026년 2월 10일
초판 1쇄 발행 2026년 2월 20일

지은이 | 이영아
펴낸이 | 김태화
펴낸곳 | 파라북스
기획편집 | 전지영
디자인 | 김현제

등록번호 | 제313-2004-000003호 등록일자 | 2004년 1월 7일
주소 | 서울특별시 마포구 와우산로29가길 83 (서교동)
전화 | 02) 322-5353 팩스 | 070) 4103-5353

ISBN 979-11-88509-96-6 (03300)

* 값은 표지 뒷면에 있습니다.

이제부터
진짜 자치

빛의혁명 시민과 함께

이영아 지음

파라북스

추천사 1

세상을 바꾸는 힘, 자치

오건호(내가만드는복지국가 공동대표, 전 행신2동 주민자치회 회장)

자치, 익숙한 말이다. 내가 사는 고양시는 지방'자치'단체이고, 동마다 주민'자치'센터가 있고, 나는 주민'자치'회에서 활동했다. 이렇게 곳곳에 문패가 많은데, 시민들은 얼마나 자치를 느끼고 있을까. '스스로 다스리고 있다'고 생각하는 사람은 얼마나 될까. 사실 평소 자치 이야기를 들어도 별 감흥이 없다. 단어 안에 생명이 사라져버린 것이다.

고양신문과의 인연으로 이 책의 초고를 먼저 읽었다. 예상하지 못했던 놀라움이었다. 책 안에 자치 단어가 꿈틀거리며 새 생명을 갈구하고 있었다. 내가 추구해 왔던 시민 참여, 민주주의도 결국은 자치였다. "진짜 자치"가 간절하게 다가왔다.

나는 복지시민단체 '내가만드는복지국가'에서 활동한다. 복지국가는 정치인의 약속이 아니라 복지를 누릴 시민들이 의사결정에 참여해야 가능하다고 믿는다. 세금도, 정치인은 말하지 못하더라도, 시민들은 당당하게 '더 내고 더 누리자'고 나서야 한다. 그래야 책임이 생기고 주체가 될 수 있다. 참으로 어려운 과제라는 걸 안다. 간혹 힘겹기도 하다. 내가 이 책을 읽고 뭉클한 이유이다. 이영아는 역설한다. 어떻게 시민이 주인이 될 수 있는가? 바로 자치이다. 자치는 소통하고 협의하고 결정하고 책임지는 과정이다. 시민을 역동적 주체로 깨우는 실천이다. 그렇다. 자치가 참여이고 민주주의이다. 세상을 바꾸는 힘이다. 복지국가를 위해서, '진짜 고양'을 위해서.

이영아는 묻는다. 역대 시장들이 시장이 되기 전에는 고양시를 변화시키겠다며 호언하다가 "시장실에만 들어가면" 단지 공무원으로 변신하여 예전 정책에 머무는 이유가 무엇일까? 왜 약속과 실행이 이리 다른가? 이영아는 단호하게 말한다. 자치하지 않았기 때문이다. 기존 틀을 넘어서려면 힘과 용기가 요구된다. 오랫동안 관성과 기득권으로 고착화된 행정망을 깨는 망치가 필요하다. 과감한 행정은 오로지 시민과 함께 하는 자치에서 가능하다. 주민에게 정보를 공개하고 토론하고 함께 결정하자. 시민과 시장의 어우러진 행정, 이것이 혁신이다.

이 책에는 실질적이고 구체적인 정책들도 담겨 있다. 고양시민 100명당 1명이 참여하는 '고양만민공동회'를 통해 기존 행정의 관성을 넘어서자. 주민들이 직접 동장이 되어 지역사회를 운영하자, 과감한 기업 유치와 사회경제로 지역순환경제를 구축하자, 건강수명 도시로 고양을 재편하자, 초고령사회에 경로당을 서로돌봄방으로 전환하자, 마을숲을 두 배로 늘리자. 각 정책마다 무릎을 치게 한다. 34년 지역 언론인으로 고양시정을 꼼꼼히 살펴보았던 이영아이기에 내놓을 수 있는 방안들이다. 분야는 모두 다르지만 같은 뿌리에 기반한다. 바로 '자치'이다.

이영아는 자치의 눈으로 세상을 바라보자고 독자를 이끈다. 이제부터는 행정을 감시하고 평가하는 활동에 머물지 않고 직접 고양을 바꾸겠다는 담대함도 전해온다. 이 길을 따라가면 놀라운 경험을 하게 된다. 내가 사는 고양시가 꿰뚫어 보이고 막막한 현실에서 희망이 보인다. 당위적으로 접해오던 이 단어가 이렇게 강력하게 다가올 수 있다니!

이 책을 여러 번 읽고 싶다. 상황이 힘들거나 새로운 기대가 생길 때 위안을 얻고 생명력을 전해받고 싶다. 이 책이 주는 선물이고, 이영아의 힘이다. 작지만 단단한 사람, 자신을 낮추지만 믿음을 주는 사람, 작은 거인 이영아가 자치를 제안한다. 시민들에게 응답을 요청한다. 그래, 함께 만들자, "진짜 자치, 진짜 고양".

추천사 2

자치의 꿈을 현실로 가꾸는 현장의 기록

이바다(평화누리 상임대표)

고양시의 미래를 고민하는 이들에게 이영아 고양신문 전 대표이자 현 더불어민주당 부대변인이 내놓은 이 한 권의 책은 단순한 정책 제안서가 아닙니다. 그것은 34년이라는 긴 세월 동안 고양의 구석구석을 발로 누비며 시민들의 숨소리를 기록해 온 한 저널리스트의 고뇌이자, 평화누리에서 공동대표로 함께 활동하며 제가 지켜본 이영아라는 사람의 진심이 담긴 '자치 설계도'입니다.

제가 평화누리 활동을 통해 만난 이영아 대표는 무엇보다 '소통의 달인'입니다. 기자의 시선으로 현장의 생생한 삶 속에 숨겨진 진실을 찾아내고, 그것을 시민의 언어로 번역해 공론장으로 끌어올리는 능력이 탁월했습니다. 그녀는 고양시장의 자리가 108만 시민과 소통해야 하는 막중한 자리임을 누구보다 잘 이해하고 있습니다. 본문에서 지적하듯, 역대 시장들이 가졌던 업무 능력이나 학벌보다 더 중요한 것은 결국 주민을 정책 결정의 주체로 세우는 소통의 의지입니다. '고양만민공동회'라는 1만 명 규모의 공론장 제안은 바로 그 소통의 갈증을 풀어줄 이영아다운 파격적인 해법입니다.

또한 그녀는 연약하고 소외된 자들을 따뜻하게 품는 사람입니다. 이 책의 곳곳에는 경로당의 갈등을 민주적으로 풀고 노년층을 경제 주체로 세우려는 '서로돌봄'의 철학, 그리고 폭우 피해가 집중되는 지하 · 반지하 주택 주민들을 위한 세심한 배려가 녹아 있습니다. 도움이 필요한 이들이 공동체 속에서 소외되지 않고 당당하게 자립하도록 견인하는 그녀의 모습은, 단순한 행정가가 아닌 진정한 '이웃'의 마음을 가진 지도자의 면모를 보여줍니다.

이영아 대표가 추구하는 또 하나의 핵심 가치는 '생태와 균형된 삶'입니다. 1인당 도시숲 면적을 2.5평에서 5평으로 늘리겠다는 구체적인 약속과 창릉천 국가정원 추진, 햇빛발전소 건립 제안은 기후 위기 시대를 살아가는 우리에게 생존의 녹색 보루를 마련해주겠다는 강력한 의지입니다. 과천이나 분당보다 낮은 고양의 건강수명을 안타까워하며, 걷고 싶은 길과 촘촘한 숲을 통해 시민의 삶의 질을 높이겠다는 그녀의 꿈은 이미 구체적인 수치와 사례로 완성되어 있습니다.

마지막으로 그녀는 지방자치시대의 완성을 꿈꾸는 전략가입니다. 김대중, 노무현, 문재인 정부를 거치며 성장해온 자치의 나무를 이재명 '시민주권시대'에 맞춰, 이제 고양시라는 토양에서 꽃피우려 합니다. 주민이 동장을 추천하는 '개방형 동장 임명제'와 지역경제를 살리는 '순환경제' 모델은 관료 중심의 행정을 시민 중심의 '진짜 자치'로 바꾸려는 담대한 도전입니다.

'진짜 고양'을 꿈꾸는 이영아 대표에게 이 책은 시민들에게 드리는 가장 정직한 약속입니다. 비판에 머물지 않고 대안을 제시하는 그녀의 행정자치, 주민자치, 경제자치, 건강자치, 돌봄자치, 기후자치의 구상들이 108만 고양시민의 삶을 어떻게 바꿀지 무척 기대됩니다. 고양의 평화와 자치를 위해 함께 걸어온 사람으로서, '시민 주권의 고양자치정부'를 기쁜 마음으로 응원하며 이 책을 추천합니다.

글을 시작하며

'스스로 그러함'에 이르는 자치를 위하여

'자연'이란 말의 의미를 찾아보면 '스스로 그러함'이라고 나온다. '자치'는 '스스로 다스림'이다. 자연과 자치가 같은 의미로 다가온다. 연결해 보면 자치는 '스스로 그러함'에 이르는 자연 세계의 원리를 따르는 정치이다. 사람은 자연이다, 사람 사는 사회는 자연의 원리를 따라야 한다고 말해주는 것 같다. 네이버 사전에서 이렇게 잘 정리되어 있는데, 나는 한참을 살고야 나라는 존재, 사람과 사회가 추구해야 할 원리를 깨닫게 된다.

나는 고양신문에서 일한 34년 동안 고양이란 지역사회를 탐구했다. 지역사회는 파고들수록 깊고 넓었다. 지역에서 만난 사람들은 내게 선배였고, 스승이었다. 그들은 성실했고, 어느 한 가지씩은 고수였다. 나는 그런 그들이 힘들어하고 아파하는 것을 보았다. 나도 힘들고 아팠다. 아픔의 원인은 서로 다른, 다 다른 그들의 다양함이 존중받지 못할 때였다. 다양함이 존중받지 못하면서 '스스로 그러함'에 이르는 자치가 무너진다. 우리는 스스로 살아갈 때 생명력을 회복하는 자연이다. 사람이다. 자치는 추상적인 개념이 아니다. 생명체가 생존하는 경쟁력이다. 사회가 성장하는 원리이다. 자치가 실현되어야 건강하다.

자치는 더디지만 꾸준히 성장하고 있다. 한국 민주주의 역사는 자치를 위한 역사였다. 87년 민주항쟁은 지방자치를 부활시켰고, 2008년 촛불항쟁은 자치분권 개헌운동을 일으켰다. 2024년 빛의 혁명으로 태어난 이재명 정부는 자치분권국가를 선언하고 자치분권 강화를 위한 헌법개정에 나설 계획이다. 자치는 이제 전환기를 맞게 된다. 고양도 본격적인 자치정부를 준비해야 한다. 그래야 경제도 교육도 문화도 경쟁력을 가질 수 있다. 13일 단식투쟁으로 지방자치를 부활시킨 김대중 대통령의 이웃으로서, 고양에서 참된 자치가 꽃필 수 있도록 함께 노력했으면 한다.

고양시장 출마를 준비하며 한 권의 책을 펴낸다. 책이라고 하기엔 부끄러운 기록이다. 자서전을 쓰기엔 삶이 너무 평범해 쓸 말이 많지 않았다. 그래서 요즘 고민하는 주제인 자치에 대한 글을 엮게 되었다. 준비는 부족하고 시간은 없다 보니 개인적인 경험담이 정리되지 못한 채 군더더기처럼 붙어 버렸다. 죄송한 마음을 미리 전한다. 자치라는 주제에 대해 언젠가는 한번 파고들어 봐야겠다는 미련을 남긴 것이 이 책의 작은 결실일 수 있겠다.

25세 청년 이영아를 어엿한 시민으로 키워주신 지역사회 이웃께 진심으로 감사드린다.

2026년 1월 새벽,

북한산 자락에서

차례

추천사 1 세상을 바꾸는 힘, 자치 …… 4

추천사 2 자치의 꿈을 현실로 가꾸는 현장의 기록 …… 8

글을 시작하며 '스스로 그러함'에 이르는 자치를 위하여 …… 12

1장

왜 자치인가

나의 삶, 나의 자치

25살 철 없고 당돌한 이영아, 어엿한 시민이 되다 …… 22

세상 어디에도 없는 기록

고양 사람에 관한 기록 36년 …… 29

나만의 영업 방법

좋은 프로그램을 만든다 …… 32

2장

이영아의 공공프로그램

이영아의 공공프로그램 01

스무고개 북클럽 '다독다독 여름 · 겨울방학' …… 40

'다독다독 겨울방학' 참가자 카페 댓글 …… 56

이영아의 공공프로그램 02
마을숲 시민학교 '경로당 마을숲 친구들' …… 58
'경로당 마을숲 친구들' 참여 경로당 후기 …… 74

이영아의 공공프로그램 03
청소년들이 인생을 설계하는 시간 '나의 꿈 페스티벌' …… 76

이영아의 공공프로그램 04
동생들의 책 읽기를 응원하는 뿌듯한 봉사 '도서관의 친구들' …… 78

이영아의 공공프로그램 05
일산과 덕양, 호수공원과 북한산을 연결하다,
'고양바람누리길걷기축제' …… 82

이영아의 공공프로그램 06
15년 이어오는 시민사회 토론회 '고양포럼' …… 86

이영아의 공공프로그램 07
정치인과 기업인의 대등한 토론광장 '고양경제포럼' …… 89

3장
자치, 더디지만 성장하다

김대중의 자치
13일 단식투쟁으로 자치를 부활시키다 …… 96

노무현의 자치
지방분권을 위한 기반을 마련하다 …… 106

문재인의 자치
지방분권국가, 개헌을 추진하다 …… 116

이재명의 자치
자치단체에서 지방정부로, 진짜 자치를 꿈꾸다 …… 125

4장

자치, 다양하게 움트다

성동구 돌봄자치
주민의 생활자립을 지원하는 공공돌봄의 모델 …… 138

은평구 살림의료복지사협 살림자치
의료와 돌봄, 사람을 연결하는 살림 공동체 …… 148

정왕2동 생태자치
시화공단 공해 차단하는 숲 울타리 '산소 심는 마을' …… 159

행신2동 노동자치
고된 협업으로 만들고 가꾸는 연꽃밭 마을숲 …… 169

5장

자치, 고양정부를 꿈꾸다

행정자치 제안
주민 1만명 참여하는 공론장 '고양만민공동회' …… 182

주민자치 제안
주민이 동장 추천하는 '개방형 동장 임명제' …… 190

경제자치 제안
기업과 주민 더불어 잘사는 지역순환경제 …… 196

건강자치 제안
건강수명 대한민국 1등을 위한 도시정책 …… 201

돌봄자치 제안
경로당을 노년을 위한 서로돌봄방으로 …… 207

기후자치 제안
1인당 숲 2.5평에서 5평으로, 250만평 확대 …… 214

부록 _ 고양신문을 떠나며

마지막 발행인의 편지 | 고양신문 발행인 이영아
지역은 참으로 깊고 넓은 세상 …… 221

이영아 대표를 떠나보내며 | 박영신 고양포럼 상임대표(연세대 명예교수)
공공의 선을 추구하는 시민 이영아 …… 225

고양신문 이영아 대표 퇴임기사 | 김진이 전문기자
알바로 시작, 국내 대표 지역언론 키워 …… 229

1장

왜 자치인가

고양신문에서의 34년은 고된 노동의 연속이었다. 그럼에도 불구하고 행복했다. 수많은 갈등과 고충이 있었겠지만 기억나지 않는다. 내가 하고 싶은 일을 스스로 선택하며 살았기 때문이다. 고양신문은 나의 삶, 나의 자치가 펼쳐진 광활한 광장이었다. 고양신문과의 인연, 고양신문에 대한 마음을 전한다.

나의 삶, 나의 자치

25살 철 없고 당돌한 이영아 어엿한 시민이 되다

나는 파주에서 태어나 한 살 때 고양시로 이사했다. 이후 58년을 고양에서 살았다. 평범한 가정에서 자랐고, 평범한 학창시절을 보냈다. 기억에 남는 건 하나, 죽음을 두려워했다. 모든 생명이 죽어가는 것을 슬퍼했다. 그래서 모기 한 마리도 죽이지 못했다. 중학교 때, 친한 친구가 가정형편이 어려워 고등학교에 진학하지 못했다. 아르바이트를 하며 힘들게 사는 친구를 보며 '우리는 왜 이렇게 다르게 살고 있는지' 궁금함이 많았다. 대학생이 되자마자 사회과학 공부 모임에 들어가 4년 내내 공부하며 학생운동에 열중했다. 87민주화 운동에 참여하고, 민중민주특위 위원장 등을 맡아 학교 내 시위와 서울지역연합회 시위를 진행하는 등 연대활동에도 적극적이었다.

아픈 엄마 돌보며
삼송동 시민기자로 시작한 고양신문

대학 4학년, 노동현장 진출을 고민하고 있을 때 엄마가 중풍으로 쓰러져 반신마비 상태가 됐다. 아버지와 형제들은 모두 직장에 다니고 있어서 내가 엄마를 돌봐야 했고, 대학 졸업 후 1년 동안 엄마를 간호하며 살았다. 사회운동으로 진출하지 못했다는 자괴감에 빠지기도 했지만 다른 선택의 길이 없었다. 엄마의 건강 회복이 먼저였다. 중풍환자를 잘 고친다는 한의사를 찾아 전국 곳곳을 다니며 엄마를 간호했고, 엄마는 병세가 좋아져 지팡이를 짚고 혼자 걸을 수 있게 되었다. 엄마가 죽음의 고비를 넘겼다고 생각하니 일이 하고 싶어졌다. 노동현장으로 들어가긴 어려웠고, 내가 하고 싶었던 일을 한번 해보자고 생각했다.

두 가지 꿈이 있었다. 기자가 되어 약자를 대변하고 사회변화에 기여하고 싶은 꿈, 고아원 원장님이 되어 어려운 친구들을 돕고 싶은 꿈이 있었다. 우선 기자가 하고 싶었다. 엄마를 돌보며 우리동네 고양에서 기자 일을 하면 좋겠다고 생각했다. 무작정, 114에 전화를 걸어 고양시에 있는 신문사 전화번호를 물었다. 고양신문이라는 신문이 있었다. 고양신문에 전화를 걸어 기자 아르바이트를 하고 싶다고 했다. 엄마를 돌보고 있어서 일주일에 한 번쯤 출근하고 싶다고. 전화를 받은 편집장님은 삼송동 시민기자를 한번 해보라고 했고, 그렇게 고양신문과 인연을 맺었다.

첫 월급 20만원, 10만원은 협찬비로 그래도 뿌듯

1991년 고양신문 삼송동 시민기자로 기자생활을 시작했다. 시민기자들 나이는 평균 40대 였고, 나는 어린 시민기자로 상근 기자 못지않게 열심히 일했다. 일이 참 재밌었다. 시민기자로 10개월 정도 보냈을 즈음, 아버지가 정년퇴직을 하셔서 엄마를 돌볼 수 있었다. 편집장님께 내가 이제 상근을 할 수 있다며, 매일 출근하고 싶다고 말했다. 얌전한 편이었지만, 하고 싶은 일 앞에서는 당돌했다. 편집장님은 너무 잘 됐는데, 신문사가 어려워서 월급을 줄 형편이 못 된다고 아쉬워했다. 나는 월급 안 받아도 되니 일만 하게 해달라고 했고, 편집장님은 그럼 우선 일부터 하자고 허락했다. 내가 받은 첫 월급은 20만원. 실제로 받은 월급은 10만원이었다. 편집장님이 고양예술제 서예전 협찬을 하나 해보라고 해서 그러겠노라 대답은 했는데, 협찬을 부탁할 곳이 없었다. 그래서 첫 월급 20만원 중 10만원을 협찬금으로 냈다. 기자로 일할 수 있어서, 그래도 뿌듯했다. 다음 달부터는 수습기자 월급을 받을 수 있었다.

기자 2명이 신문 만들며 고된 노동으로 버틴 시간

고양신문은 1989년 국내 두 번째 지역신문으로 창간됐고, 직원 6~7명이 일하고 있었다. 당시 지역신문으로서는 적지 않은 규모였다. 이은만 전 발행인은 사재를 털어 신문을 발행했지만 신문사 운영은 해가 갈수록 어려워졌다. 1997년 경에는 직원 급여를 10개월 이상 못 주었다. 선배들은 한 둘씩 퇴사했고, 덕분에 나는 편집장을 맡았고, 신문을 계속 만들었다. 사장님도 돈을 못 벌어가셨기 때문에 사장님을 원망할 수도 없었다. 나라도 남아 신문을 만들어야 한다고 생각했다.

취재하고, 제작하는 일이 재미있었고, 지역신문에 대한 사명감도 컸다. 모두 떠나고 나와 기자 한 명, 영업사원 2명만 남아 신문을 만들다 보니, 밤새우는 날이 많았다. 2명이 12면 기사를 채우는 것은 벅찬 일이었다. 기사만 썼나, 일주일에 한번 인쇄소에 올라가 신문을 편집했다. 기사를 A4용지에 출력해 한 단, 한 단 오려 붙이고, 오자가 있으면 오자를 출력해 오려 붙이는 지난한 작업이었다. 보통 새벽 2~3시까지 일하고 집으로 왔다.

사장님은 계속 월급이 밀리고, 부채가 쌓여가자 새로운 투자자를 알아보자고 했다. 조경사업을 하는 기업인이 신문을 인수했고, 나는 1년 치 밀린 월급을 받았다. 거금 1000만 원이 통장으로 들어왔다. 그런데 새로운 사장님은 1년 만에 손을 들어버렸다. 1년 만에 빚이 다시 1억 5천이 쌓였고, 내가 편집장이라고 버티고 있었기 때문에 사장 마음대로 신문을 만들지도 못했다. 사장님은 신문사를 인수할 사람을 알아보자고 했다. 나는 신문을 돈으로 사고파는 것이 못마땅했다.

32세 이영아,
1억 5천 부채 안고 고양신문 떠맡다

우리가 밤새워 만드는 신문인데, 신문이 돈 때문에 천덕꾸러기가 되는 것 같았다. 그래서 차라리 내가 인수해야겠다고 생각했다. 경영이 뭔지도 몰랐다. 그냥 지금처럼 만들면 되는 것 아닌가, 하고 싶은 일 앞에서는 여전히 무모했고 당돌했다. 사장님께 나는 월급을 못 받아도 신문은 만들 수 있으니 내게 신문을 맡겨달라고 했다. 사장은 1억 5천만 원의 부채를 책임진다면 인수 자금 없이 신문을 넘겨준다고 했다. 세상에, 얼마나 신나는 일인가. 신문을 내 마음대로 만들게 되다니. 그렇게 무작정 신문을 떠맡았다. 내 나이 32세였다. 30여 년 전, 1억 5천만 원이면 지금 얼마일까. 꽤 큰 돈이었을 것 같다. 나는 1년 전 받은 밀린 월급 1,000만원을 믿고 일을 저질렀던 것 같다. 1억 5천만 원은 감이 없었고, 1,000만 원은 큰 돈으로 느껴졌다. 다음날부터 걱정이 시작됐다. 월급은 둘째 치고, 신문 제작비가 문제였다. 나의 전 재산 1,000만원을 주식으로 출자하기로 하고, 다른 출자자를 모집했다. 우선 급한 대로 제작비라도 모아야 했다. 그런데 전에 같이 일하던 직원분들 중 두 분이 나를 고발했다. 퇴직금을 청구하는 고발이었다.

나는 처음 법정에 섰다. 나의 전 재산 1,000만원은 하루아침에 퇴직금으로 날라갔다. 겁이 확 났다. 고용자가 된다는 것은 무서운 일이었다. 믿었던 1,000만 원이 없어지니 불안이 커졌다. 이제 누군가의 출자를 받지 않으면 인쇄비도 감당할 수 없었다. 당시 향교 사무국장으로 일했던 윤주한 전 발행인을 처음으로 찾아갔다. 700만원을 선뜻 출자해 준다고 했다. 아직도 그 순간, 그 마음을 잊을 수 없다. 은인이었다. 출자에 자신감이 생겼고, 여러분들이 힘을 모아 7,800만원의 출자금을 모았다.

신문제작비와 급여를 겨우겨우 해결하며 버틴 지 5년쯤 되었을까. 그때부터는 어느 정도 수입지출을 맞출 수 있었다. 8년 쯤 됐을 땐, 1억 5천만 원의 부채를 거의 갚았고 직원도 점점 늘었다. 그 뒤로도 넉넉하지는 않았지만 잘 버텼다. 지금은 12~13명이 함께 일하고 있다. 온라인 신문과 유튜브 채널도 활발하게 운영하고 있다. 3개 매체를 합하면, 국내 지역신문 중 가장 많은 독자를 보유하고 있다. 역사와 규모 면에서 한국지역신문을 대표하는 언론 중 하나이고, 인구 100만 도시 고양의 유일한 지역신문이기도 하다.

세상 어디에도 없는 기록

고양 사람에 관한 기록 36년

고양신문은 건강하고 따뜻한 지역언론이다. 36년 동안 고양의 역사를 기록했다. 이 기록은 세상 어디서도 찾을 수 없는 도시의 기록, 이웃과 공동체에 대한 기록이다. 중앙언론이 따라 쓸 수 없는 기사를 썼고, 누구도 주목하지 않았던 사람들을 뉴스의 주인공으로 조명했다. 고양사람들은 고양신문을 통해 정보를 얻었고 이웃과 교감했다. 풀뿌리처럼, 우리 사회를 지탱하는 사람들이 살아가는 곳, 지역사회를 깊고 넓게 파고들었다.

지역사회에서 만난 이웃들은 성실했고 묵묵했다. 어르신들은 밭에서 일하다 마을 일에 참여했고, 새마을부녀회 회원들은 하루 종일 김장봉사 하다가 집으로 가서 저녁을 챙겼다. 지역에서는 이념도 정당도 가를 수 없는 유대감이 있었다. 또 어느 공동체든 갈등과 대립, 아픔이 있었다. 지역 일에 참여하면 어쩔 수 없이 겪어야 하는 과정이었다. 다르니까, 어쩔 수 없었다. 그럼에도 불구하고 꾸역꾸역 지역 일에 공동체에 참여하는 분들을 보면 존경심이 솟는다. 동시에 우리나라 공교육에 대한 원망이 커진다. 서로 다름을 인정하고, 존중하고, 다르니까 흥미를 느낄 수 있도록 자랄 수는 없을까. 식물세계처럼, 다양할수록 건강하게 유지되는 사회구조를 만들 수 없을까. 우리 후대들에게는 이런 교육을 좀 했으면 한다.

고양신문이 없었다면 원당역이 생길 수 있었을까

고양신문이 없었다면 어땠을까, 가끔 상상해본다. 원당역이 없었을 수도 있다. 킨텍스가 다른 곳으로 유치될 수도 있었다. 의정부나 용인처럼 경전철이 들어설 수도 있었다. 고양신문은 국회의원 선거시기에 원당역 유치를 쟁점으로 만들면서 당시로서는 계획에도 없던 원당역을 유치했다. 일산신도시에 건립될 예정이었던 국제전시장이 무산됐다는 소식을 듣고 강태희 선생과 함께 자족권수

호 운동을 펼쳤다. 이 운동은 후일 킨텍스 유치를 위한 6만 명 서명 운동를 벌이는 동력이 됐다. 경전철 사업을 준비한다는 정보를 지역사회에 알렸고, 주민반대운동을 바로바로 여론화시켰다. 용인 경전철 적자 사례를 보면 지금도 다행이다 싶다. 고양신문은 늘 시민 편이었다. 고양신문이 없었다면 지역주민의 알권리, 표현할 권리는 지금보다 위축됐을 거다.

그 누구의 눈치도 안 보는 자유언론 고양신문

고양신문은 무엇보다 광고나 권력에 휘둘리지 않고 자유롭게 신문을 만든다. 눈치 안 보고 권력을 비판하는 정의로운 신문이다. 취재와 보도의 자유는 대한민국 언론 중 1등이라고 생각한다. 잘 버티면 누구보다 자유로운 언론의 역할을 지속할 수 있다. 작은 언론의 강점이다. 나는 여전히 고양신문에 대한 자긍심이 크다. 신문 밖으로 나오니 고양신문의 역할이 더 소중하게 다가온다. 고양신문이 풀뿌리 민주주의를 지키고 키우는 역할을 잘 해내고 있다고 생각한다. 요즘은 고양신문 유튜브 채널 고양팟의 영향력이 점점 커지고 있다. 두 평 남짓한 직원 휴게실 한켠에서 뉴스를 찍는데, 볼 때마다 미안하고, 볼 때마다 자랑스럽다.

나만의 영업 방법

좋은 프로그램을
만든다

경영을 맡은 지 25년, 지나고 보니 신기하다. 어떻게 그렇게 오래 버틸 수 있었을까. 경영능력이 탁월한 것도 아니고, 영업을 잘 하는 것도 아니다. 공감력이 과하다 보니 영업할 때는 광고주 걱정을 더 많이 한다. 저 사람은 지금 돈이 있을까, 광고를 거절할 때 미안하면 어쩌지. 내가 어떤 말을 하면 덜 미안해 할까, 이런저런 걱정 때문에 영업도 더디다. 술도 잘 못하고, 노래도 못하고, 놀지도 못하니 누군가와 친밀해지는 것도 어렵다. 영업자, 경영자 입장에서는 열악하기 짝이 없다. 잘하는 일이 하나 있긴 하다. 가치 있다고 생각하는 일을 기획하고 추진하는 일이다.

신문 만드는 일이 보통 고된 일이 아니다. 그 와중에 틈틈이 기획하는 재미에 빠지곤 했다. 신문사 운영이 좀 나아지고 내가 신문 편집에서 손을 뗐을 때는 아예 기획일에 본격적으로 나섰다. 어쩌면 내가 할 수 있는, 나만의 영업 방법이었는지도 모른다. 기획사업은 영업의 연장이다. 좋은 프로그램을 만들고 함께 할 수 있는 기업을 찾는데, 나는 이 영업은 자신 있게 했다. 같이 좋은 일 하자는 제안이니 꿀릴 이유가 없었다. 한번 의기투합해서 일을 진행하고 나면 좋은 기업들이 후원자가 된다. 기획사업 흐름은 대강 이렇다. 하고 싶은 일을 생각한다. 질문을 던진다. 구상한다. 기획안을 작성한다. 함께 할 사람을 구한다. 참여자나 후원자를 모집한다. 기획사업은 상상보다 집행 단계가 힘들다. 기획사업 초기에는 신문사 직원들이 직접 맡았는데, 일도 안 되고 갈등만 커졌다. 기획사업 진행할 때는 별도의 인건비 확보를 전제로 해야 한다. 그래야 직원들도 힘들지 않고, 지속성이 있다.

사람을 변화시키는 공공프로그램의 매력

고양신문에서 진행했던 대표적인 기획사업은 고양바람누리길축제(18년), 마을숲시민학교(5년), 마을숲생태탐방(3년,) 스무고개북클럽(6년), 나의꿈페스티벌(5년), 도서관의 친구들(3년) 등이다. 이 중 도서관의 친구들은 3년 운영하다가 고양시자원봉사센터로 넘겨주었다. '나의꿈페스티벌'은 코로나 이후 중단됐고, 다시 시작할 계획이다. 이밖에 단기로 추진한 일까지 합하면 꽤 많다. 제목을 보면 대강 감이 잡힌다. 주제는 숲, 걷기, 독서, 꿈 등등이다. 주요대상은 어린이 청소년 어르신이다. 자신의 의지에 의해, 스스로 살아가는 힘이 미약할 때 지역사회가 돕고 응원해야 한다는 마음이 컸다.

내가 늘 품고 있었던 생각을 신문사에서 원 없이 했다. 이들 프로그램에 쏟았던 노력과 시간을 광고 영업에 투자했다면 고양신문은 더 성장했을 수도 있다. 항상 직원들에게 미안했다. 그래도 기획사업을 통해 지역기업들과 소중한 관계를 맺었고, 이 관계는 고양신문의 든든한 버팀목이 되고 있다.

프로그램을 기획하고 추진하는 일에 집중하다보니 정책에 대한 매력을 느꼈다. 프로그램을 통해 어린이가 청소년이 어르신들이 즐거워하고 행복해하는 모습을 보며, 고양시가 좋은 정책을 만들면 시민 모두의 삶이 더 나아지겠구나 생각하곤 했다. 작은 언론인 고양신문의 프로그램을 통해서도 이렇게 쏠쏠한 변화가 찾아오는데, 막강한 조직과 예산을 쥐고 있는 고양시가 움직인다면, 생각만 해도 흥분됐다. 이런 경험과 생각은 내가 고양신문을 정리하고 정치를 시작하게 된 동기가 됐다.

주민 스스로,
자립적 삶을 살도록 지원하는 정치 '자치'

나는 김대중 대통령을 존경한다. 김대중 대통령은 고양의 이웃이기도 하다. 일산 정발산 아래 단독주택에 살며 대통령에 당선됐다. 나는 고양이 김대중 대통령의 정치적 고향으로 거듭나길 소망한다. 김대중 대통령이 13일 단식투쟁 끝에 쟁취한 지방자치를 고양에서 활짝 꽃 피우고 싶다. 김대중 대통령은 평생을 고난받으면서도 정치를 포기하지 않았다. 끝내 권력을 쟁취했고, 국민기초생활보장제, 국민건강보험 등 국민의 삶을 바꾸는 제도를 차곡차곡 실현했다.

우리는 김대중 대통령 정부에서 이 제도가 발전했다는 것을 잘 기억하지 못한다. 하지만 삶이 많이 나아졌다고 느낀다. 가난한 사람들의 삶도 시민들의 의료보장도 조금씩 나아지고 있다. 누군가의 도움을 받아서 나아지는 것이 아니라 우리가 선택한 정치에 의해 더 나아지고 있다. 정치는 이렇게 국민이 스스로 자립적 삶을 살 수 있도록 만드는 힘이 있다. 고양시도 주민의 삶을 나아지게 할 수 있는 정책을 만들 수 있길 바란다. 고양의 주민이라면 더 건강하게 더 행복하게 살 권리가 있도록 만들고 싶다.

2장

이영아의
공공프로그램

고양신문에서 일하는 내내 공공프로그램을 기획하고 실현했다. 어린이 책 읽기를 응원하고 경로당 어르신들과 함께 숲으로 갔다. 다양한 공론장을 만들었다. 정책을 통해 도시와 삶이 변하듯, 공공프로그램도 변화를 불러온다. 도움을 넘어 스스로 변화할 수 있는 힘, 삶의 자치로 연결된다.

이영아의 공공프로그램 01

스무고개 북클럽 '다독다독 여름 · 겨울방학'

어린이 5,000여 명이 더불어 책을 읽는 고양의 방학

— 스스로 생각하고, 스스로 살아가는 힘을 키우다

음식으로 생명이 유지되고 성장하듯이, 책은 생각을 유지하고 성장시킨다. 고양시 어린이들이 맛있는 음식처럼, 책을 재밌게 소화할 수 있는 습관을 키우는 일에 관심이 많았다. 책 읽는 습관을 키워주는 일은 다른 어떤 지원보다 힘이 크다. 스스로 생각하고, 스스로 공부하고, 스스로 인생을 살아가는 힘을 키워주기 때문이다. 그래서 다른 어떤 기회보다 책 읽는 기회가 공평하게 주어졌으면 한다. 어린이 누구에게나 책을 읽을 수 있는 공평한 기회가 주어진다면 인생에 대한 기회도 조금 더 공평해질 수 있지 않을까. 어떻게 하면 어린이들이 책과 가까워질 수 있을까, 궁리하다가 스무고개 북클럽을 만들었다.

가끔 내가 다시 어린 시절로 돌아간다면, 하는 상상을 해본다. 이런 상상은 내가 하고 싶은 일을 해보고 싶다는 바람에서 시작된다. 나는 책을 많이 읽는 나, 내가 만든 건축공간에서 행복해하는 사람들을 바라보는 나를 상상한다. 책을 많이 읽고 싶고, 건축하는 일을 해보고 싶다. 특히 '책 읽는 나'는 절실하다. 다행히 나는 아직 살아있고, 책을 읽을 수 있는 시간이 남아있다. 어린 시절을 돌아보면 책을 읽은 기억이 많지 않다. 중학교 때 세계문학 전집을 군데군데 읽었는데, 독후감을 쓰기 위해서였다. 책을 많이 읽지는 못했지만 생각은 많았다. 주로 친구들을 보며 다르게 살아가는 이유, 다르게 대하는 이유 등등에 대해 고민이 많았다.

나이 들어 시작된 책 읽기의 달콤함

대학생이 되어서 비로소 책과 마주하게 되었다. 역사와 체제, 민주주의에 대한 책들이었다. 인문학적 기초를 다지지 못하고 사회구조에 대해 책을 읽다 보니, 책 한 권이 진실 한 권처럼 다가왔다. 흥분했고, 분노했다. 이상적인 체제와 삶에 대해 갈망했다. 이 시절 읽은 책들은 내 인생에 길잡이가 되었다. 25살 때부터 고양신문에서 일하며 책 보다는 사람 읽기에 분주했다. 대학 때 읽은 몇 안

되는 책들이 삶의 현장에 녹아들며 조금씩 내 것으로 흡수되기 시작했다. 사람들을 만날 때마다 신기하고 경이로웠다. 미디어를 통해 주목받는 사람들보다 동네에서 만나는 사람들이 좋았다. 사람들의 성실함에 놀랐고, 저마다 가진 전문성에 놀랐다. 동네 곳곳에 고수들이 살고 있었다.

고양신문에서 일한 34년은 사람에 대한 감동, 우리의 존엄함을 깨닫는 시간이었다. 50세 즈음, 사과나무치과병원에서 펼쳐지는 인문학 모임에 참여하며 책을 꾸준히 읽게 됐다. 고양신문 일이 늘 빠듯해서 한 달에 한 권 읽기도 벅찼다. 원고 마감하듯 책 읽기를 마감했다. 나이 들어 읽는 책들이 어찌나 달콤한지, 곱씹고 곱씹었다. 마음에 와닿는 문장을 붙잡고 내 생각을 덧붙여 하나의 개념을 만들어 내는 일도 즐거웠다. 책을 읽으며 삶을 다듬고, 자신만의 세계를 만들어 가는 사람들이 세상 멋져 보였다. 나도 그렇게 살고 싶었다.

책을 많이 읽지 못했다는 아쉬움 때문에, 책을 읽을 수 있는 동기를 만드는 일에 관심이 많았다. 특히 어린 시절의 책 읽기는 인생을 좌우하는 귀한 일로 다가왔다. 생각해 보면, 책 읽기만큼 궁극적인 교육이 있을까 싶다. 스스로 읽은 것을 통해 스스로 배우고 깨닫는 일. 사람의 자발성을 높이는 가장 멋진 교육이 책 읽기가 아닐까. 일단 책과 마주하며 얻는 지식과 생각은 피동적인 교육을 넘어 스스로 배움에 이르게 한다. 밥이 몸을 움직이고 성장시키는 에너지를 만든다면, 책은 정신을 움직이고 성장시키는 에너지다. 아이들에게 밥 챙겨주는 일이 중요하듯, 책을 챙겨주는 일이 중요하다.

나와 내 아이들의 책 읽기에 대한 미련

책 읽기의 중요성을 절감하고 있던 나는 아이를 키우며 다른 것은 못 해주어도 책 읽기 습관은 키워주겠다고 다짐하곤 했다. 그러나 현실은 다짐을 실천하기 어렵게 돌아갔다. 고양신문 일은 많은 시간을 투여하는 일이었다. 밤새우며 일하는 날도 있었고, 주말에도 일이 많았다. 아이들 육아는 할머니와 고모에게 의지해야 했다. 큰아이 초등학교 1학년 방학 때는 작은 아이를 할머니에게 맡기고, 큰아이는 원당도서관 어린이열람실로 데리고 갔다. 아이에게 읽은 책 이름과 한 줄 느낌을 쓰도록 표를 만들어 주고, 자유롭게 책을 읽으라고 하고는 신문사로 출근했다. 점심때 도서관으로 돌아와 아이와 점심을 먹고 집으로 데려다주며, 나름 뿌듯했다. 한두 주 그렇게 했을까, 독서 노트 한바닥을 채운 후 아이는 더 이상 도서관에 가지 않겠다고 했다. 얼마 못 가긴 했지만, 나름 뿌듯한 기억으로 남았던 그 시간에 대해 큰아이가 대학생이 되어서 말했다. 그때의 내 뿌듯함과는 전혀 다른 이야기였다.

> "엄마, 나는 엄마가 나를 혼자 도서관에 두고 일하러 갈 때마다 엄마가 진짜 엄마가 아닌가 보다 생각했어. 그때 왜 그랬어?"

아이 스스로 책을 읽을 수 있도록 진득하게 함께 해주는 시간을 생략한 채 여덟 살 아이를 도서관에 밀어 넣고 도망가듯 일하러 갔으니, 아이 입장에서는 엄마가 한없이 야속했나 보다. 아이들이 중학교 고등학교에 들어가서 방황하고, 공부를 힘겨워 할 때마다, 책 읽기 습관을 키우는 데 정성을 쏟았다면 지금처럼 힘들어하지는 않았을 텐데, 아쉬움이 밀려왔다. 미안했다. 아이들이 스스로 인생을 살아갈 수 있도록 돕는, 부모의 의무와 책임을 다하지 못했다는 자책감도 컸다. 나와 내 아이들에 대한 아쉬움, 책 읽기가 가져오는 자발적 삶에 대해 동경이 모아져 스무고개 북클럽이 만들어졌다.

아이들 누구나
책을 읽을 권리가 있다

아이들 누구나 책을 읽을 수 있는 기회를 고루 가질 수 없을까?
책 읽는 습관을 키우고 그 습관의 힘으로 인생을 스스로 살아가도록 도울 수 없을까?

스무고개 북클럽은 몇 가지 질문에서 시작됐다. 책 읽는 일이 밥 먹는 일만큼 중요하다면, 책 읽기는 마땅히 주어져야 할 권리이다. 어떤 가정에서 태어났든지, 어떤 교사에게 배우든지, 책을 읽을 수 있는 시간과 기회는 고루 주어져야 한다. 책 읽는 힘을 키우면 환경의 제약을 벗어나 더 자유롭게 인생을 꾸려나갈 수 있다. 이런저런 염원을 모아 온 동네가 아이들의 책 읽기를 응원하는 재밌는 프로그램을 만들어 보자고 생각했다. 고양에서 자란 어린이들에게 책 읽는 습관을 키워준다면, 고양에서 자란 덕분에 책 읽는 어른으로 성장할 수 있다면, 이보다 더 즐겁고 대단한 일이 있을까 싶었다.

아무리 중요해도 아이들이 좋아하고 재밌어하지 않으면 아무것도 시작할 수 없다. 일단 재밌게 하려면 아이들 눈높이에 맞추어야 했다. 내가 아이를 키우며 경험했듯, 어른의 목적 보다 아이의 자발성이 중요하다. 40대 초반 미국에 잠깐 머물 일이 있었는데, 이

곳저곳 도서관을 돌아다녔다. 한 도서관에서 아이들이 책을 읽을 때마다 스티커를 붙여주는 프로그램을 진행하고 있었다. 도서관 사서는 간단한 질문으로 던져 책을 읽었는지 확인한 후 스티커를 붙여주었는데 아이들이 무척 좋아했다. 그때 기억 덕분에, 일단 책 한 권을 읽으면 스티커 한 장을 붙여주는 것으로 가닥을 잡았다.

재미를 더하기 위해 책 한 권을 읽으면 고개 하나를 넘는 것으로 설정하고, 스무 권의 책을 읽으면 스무고개를 넘은 것으로 하기로 했다. 스무고개 북클럽이 탄생했다. 스무고개 북클럽의 핵심은 리딩북이다. 리딩북에는 스티커를 붙일 수 있는 공간, 책 제목과 한 줄 느낌을 적을 수 있는 공간, 프로그램 안내, 아이들이 읽으면 좋은 권장도서 목록을 담았다.

문제는 스티커를 누가 붙여주느냐였다. 미국에서 본 도서관처럼 마을도서관 사서가 붙여주면 좋겠지만 참여하는 친구들이 많아지면 버거운 일이었다. 사서 선생님들이 힘들어하면 프로그램은 중단될 수도 있었다. 학교 도서관 사서선생님들은 성향에 따라 반길 수도 있고 그렇지 않을 수도 있다. 아이들 책 읽기를 가장 적극적으로 응원할 수 있는 사람은 엄마나 아빠였다. 엄마 아빠가 스티커를 붙여주면 좋을 텐데, 아이들이 책을 읽지 않아도 막 붙여주면 어떻게 하나 걱정됐다. 스텝들이 모여 고심한 결과 부모님을 믿기로 했다. 자식에게 거짓을 경험하게 할 부모는 없을 것이라는 당연한 기대였다.

한 권 읽을 때마다 스티커 붙여주고 다 읽으면 선물

프로그램은 단순한 것 같으면서도 단순하지 않았다. 그래서 여름방학과 겨울방학 두 시기에 집중해 진행하기로 했다. 방학 프로그램으로 정해지면서 프로그램 명칭도 구체화 됐다.

스무고개 북클럽 '다독다독 여름방학', '다독다독 겨울방학'.

유치원과 초등학교 저학년은 40권, 고학년은 20권 읽기를 목표로 잡았다. 그림책을 주로 보는 저학년은 두 권 읽을 때마다 스티커 한 장을 붙여주고, 고학년은 한 권 읽을 때마다 스티커 한 장을 붙여주기로 했다. 스티커 붙이는 재미에 스무고개를 넘을 수 있길 기대했다. 참여 어린이들이 프로그램 참여를 신청할 수 있는 온라인 카페를 만들고, 이 카페를 통해 스무고개 스티커 인증샷을 올리면 완주 인정하기. 완주한 친구들에게는 천원 안팎의 작은 선물을 주고, 덤으로 어린이 놀이시설이나 박물관, 음식점, 카페 이용

할인권을 선물하기로 했다. 아이들이 스무고개를 완주하면 아이들 덕분에 온 가족이 혜택을 받을 수 있게 하자, 아이들의 어깨가 으쓱해지는 상상을 했다.

프로그램을 순서대로 나열하면 다음과 같다.

1) 학교를 통해 홍보하고 온라인 카페 스무고개 북클럽을 통해 참여신청을 받는다.
2) 신청자 수만큼 리딩북을 제작한다.
3) 리딩북은 학교도서관과 마을도서관에서 받는다.
4) 책을 읽는다.
5) 스무고개 스티커를 다 붙이면 온라인 카페에 인증샷을 올리고 완주신청서를 작성한다.
6) 학교도서관과 마을도서관에서 선물을 받는다.

프로그램을 설계하다 보니 마디마디 지역사회의 협조가 필요했다. 학교와 지역도서관의 도움 없이는 진행이 어려웠다. 프로그램을 홍보하고 리딩북과 선물을 나누어줄 학교와 도서관의 협업이 필요했다. 프로그램을 진행하고, 리딩북을 제작하고, 선물을 마련할 예산도 후원받아야 했다. 홍보와 설득이 필요했다.

상상을 현실로 만드는 두 개의 산, 예산과 참여

프로그램은 예산과 참여자를 확보하지 못하면 상상으로 그친다. 예산과 참여는 상상을 현실로 만들어 준다. 예산을 확보하기 위한 홍보와 설득에 나섰다. 먼저 사과나무치과병원을 찾아갔다. 이 병원은 병원을 넘어 지역사회 커뮤니티센터의 역할을 한다. 건강강좌 인문학강좌 독서모임이 활발하고, 춤과 노래, 연극하는 모임도 있다. 병원을 거점으로 여러 모임에 참여하는 이웃들이 '건강넷'이란 모임을 만들고, 모임과 병원이 협업해 다양한 프로그램을 운영한다. 이런 병원이 또 있을까 싶다. 고양신문은 '건강넷'의 기업회원이고, 나도 개인회원으로 참여하고 있다. 사과나무치과병원과도 많은 협업을 한다.

설득은 항상 어렵다. 게다가 나는 공감력이 약간 높아서 별걱정을 다한다. 어떻게 말해야 설득할 수 있을까, 하는 걱정이 반이고 거절하면 미안해할 텐데 어떤 말을 준비해야 덜 미안해 할까, 하는 걱정이 반이다. 큰 부담을 안고 말을 꺼냈다. 걱정과 달리, 사과나무의료재단 김혜성 이사장은 쾌히 후원을 약속했다. 가슴이 확 뚫리는 것처럼 기뻤다. 후원금이 아깝지 않을 만큼 잘 홍보하겠다고 다짐했다. 상상을 넘어 현실에 이르는 산 하나를 넘은 셈이었다.

다음, 학교를 설득해야 했다. 설득은 생각보다 수월했다. 공교육의 핵심과제 중 하나인 독서교육을 재밌게 해보자는 제안을 반갑게 받아들이는 학교들이 하나둘 생겼다. 어떤 학교의 사서는 우리보다 정성껏 이 프로그램에 참여한다. 학생 전체가 참여하는 학교도 있다. 리딩북이란 매개로 아이들 스스로 책을 읽게 되니, 더없이 좋다고 한다. 참여 학교가 많아지면 일이 늘어나지만 우리는 신나기만 했다. 나와 함께 프로그램을 진행하는 유정순 국장은 나처럼 꼼꼼하지는 않지만 추진력이 있다. 내가 어떻게 하나 걱정하고 있을 때 겁 없이 척척 일을 추진한다. 내게 용기를 준다.

스티커 붙이는 재미에
책을 스스로 읽는 아이들

몇 개월의 기획과 준비, 설득과 홍보를 거쳐 2019년 '다독다독 여름방학' 첫 스무고개를 시작했다. 아이들이 참여할까, 진짜 책을 읽을까, 스무고개를 다 완주할 수 있을까, 걱정이 앞섰다. 기대를 낮추고, 단 한 명의 친구라도 스스로 책을 읽게 된다면 성공이라고 생각했다. 걱정과 달리 아이들의 반응이 좋았다. 학부모들이 더 적극적이었다. 온라인 카페에 신청이 줄줄이 이어졌다. 30개 학교 1500여 명의 친구들이 참여했다. 불과 2주도 안 돼서 카페에 스

무고개 완주인증샷이 올라왔다. 한 줄 느낌을 또박또박 적은 친구들도 많았다. 스티커 스무 개를 붙인 리딩북을 들고 찍은 얼굴들이 어찌나 귀엽고 예쁜지 아이들이 완주할 때마다 신나고 기뻤다. 나도 이렇게 좋은데, 부모님들은 얼마나 좋을까. 1500명이 도전해 1000여 명의 친구들의 스무고개를 완주했다. 첫 완주선물은 12자루 색연필. 집에 흔하게 있는 색연필인데도 아이들은 큰 상장이라도 받은 듯 좋아했다. 쥬쥬동물원 입장권, 현대모터스 스튜디오 할인권, 원마운트 워터파크 할인권 등등을 덤으로 챙겨주었다.

'다독다독 겨울방학'에는 2000여 명이 참여해 1500여 명이 완주했다. 이후 매년 참여하는 친구들이 부쩍 늘어났다. 스무고개 북클럽 소문이 퍼지면서 학부모들에게 떠밀려 참여하는 학교들도 생겼다. 다른 학교는 하는데 왜 우리 학교는 참여하지 않느냐는 학부모들의 항의 또는 건의가 이 프로그램을 확산시켰다. 매년 참여하는 친구들이 늘어나 후원도 더 필요했다. 고양동부새마을금고가 후원에 참여했다. 사과나무치과병원처럼, 고양동부새마을금고도 전국에서 가장 큰 규모의 새마을금고이다. 새마을금고는 후원과 더불어 스무고개를 완주한 친구들에게 완주할 때마다 1만 원의 장학금을 적립해 주기로 했다. 6년, 12번을 완주하면 12만 원의 장학금을 받을 수 있다. 사회적 가치에 투자해 주는 좋은 기업이 있어서 좋은 프로그램을 이어갈 수 있었다.

아이들은 재미 하나만 주면
스스로 놀면서 큰다

스무고개 북클럽 다독다독 프로그램은 아이들이 스스로 책을 읽을 수 있도록 동기를 부여한다. 그간 독서교육을 위한 많은 예산과 인력, 시간이 투자됐지만 아이들의 책 읽기는 점점 후퇴하고 있다. 이제는 핸드폰과 AI가 아이들의 책 읽기 권리를 위축시키고 있다. 이대로 간다면 책 읽는 일이 쓸모없는 일이 될 수도 있겠다. 책 읽기는 인간의 자주적 삶을 지탱하는 버팀목이다. 책을 읽고 키운 생각의 힘이 우리를 스스로 살아가게 한다. 책 읽기는 스스로 생각하고 스스로 살아가는 행복감을 누리게 한다. 스무고개 북클럽을 운영하며 아이들에게는 여전히 무한한 가능성이 있음을 깨닫게 되었다.

책을 읽어라, 읽어라 해도 안 읽던 친구들이 스티커 한 장에 넘어가다니… 아이들은 재미 하나만 주면 스스로 잘 놀면서 큰다. 누군가 작은 동기를 부여하면 스스로 딛고 일어선다. 지역사회가 그런 동기를 자주 마련해준다면 고양에서 자란 아이들은 스스로 재밌게 살아가는 힘을 키울 수 있다. 첫 스무고개에 참여한 친구들은 초등학교를 졸업하고 중학생이 되었다. 삼형제가 함께 매년 참가하기도 하고 한 학급, 한 학년, 한 학교 전체가 참여하기도 한다. 스무고개 책 읽기가 고양의 문화가 되고, 고양에서 자란 친구들은 책과 친밀하게 살며 '행복한 삶'을 스스로 선택할 수 있길 바란다.

2년 전부터는 엄마 아빠도 책 읽기에 동참하고 있다. 한 달에 한 권 읽으면 스무고개를 넘은 것으로 인정한다. 책을 읽으면 아이들이 '참 잘했어요' 칭찬 스티커를 붙여준다. 어른들의 책 읽기를 칭찬하는 아이들의 얼굴을 떠올리면 웃음이 절로 난다.

8 특 집 고양신문

고양신문 스무고개북클럽 다독다독 겨울방학

온 마을이 응원하는 책 읽기, 아~ 뿌듯해라

고양신문 특집 9

다독다독 겨울방학,
다섯 번째 스무고개 완주

'다독다독 겨울방학'
참가자 카페 댓글

▌책읽기 프로젝트는 역시나 너무 탁월한 선택이었습니다. 도서관과 문고 카페 데이트도 하면서 매일 책 읽기 2시간 이상 목표로 하루 여러 번 나눠서 읽고 있어요. 독서록도 따로 열심히 적고 있는 딸이 대견하고 이번 방학에서 가장 성장하고 발전하는 계기가 될 것으로 확신합니다. 무엇보다 책이 너무 재미있다고. 스스로 책을 읽어야 한다는 얘기도 많이 하네요. 책 읽는 시간을 기대하는 딸아이를 보니 더욱 흐뭇해요. 책의 내용도 함께 나누는 시간이 엄마인 제게도 너무나 뿌듯하고 행복한 시간입니다. 이번 계기로 평생 독서하는 습관과 훌륭한 고전과 함께하며 늘 책에서도 삶의 지혜를 구하는 청소년으로 성장했으면 좋겠습니다. **– 율하맘**

▌책읽고 뒤적거리면서 지은이와 출판사를 찾아 기록하고 있어요. 표지에 출판사가 안 나왔다며 펼쳐서 찾아보는 거 보니까 지은이 뿐만아니라 편집자와 고생한 분들의 이름도 한번씩 볼 수 있는 기회도 되네요. – ideunn

▌ 어제 스무고개 리딩북 찾으러 아람누리도서관에 갔다가 도서관을 한 바퀴 돌아보더니 재밌는 책을 찾았다며 바로 읽기 시작하네요. 초등 1학년이지만 정독을 하는 게 대견할 정도로 바른 자세로 읽어서 옆 테이블에서 떠들다가도 조용히 해주네요. 바쁜 시간이었지만, 아이가 주는 여유를 즐기며 엄마, 아빠도 책 한권 읽으며 기다렸어요. 아빠는 도서관 회원가입을 했고, 가족회원으로 등록했어요~^^ 책 많이 빌려 볼 수 있어 좋다고 난리네요 **–애프리나나**

▌ 아이들 커가면서 독서를 점점 멀리하는 듯해 고민하고, 개별적으로 독서기록장을 만들고 있었는데 이런 프로그램을 운영해 주셔서 너무 좋아요. 방학내 잘 완주해서 아이들 성취감도 느끼고 독서력도 쌓을 수 있도록 같이 노력해 봐야겠어요. 모두 모두 파이팅입니다!! **– 독서하는우리**

이영아의 공공프로그램 02

마을숲 시민학교 '경로당 마을숲 친구들'

—자연과 이웃과 친밀하게 사는 행복한 노년

약봉지 놓고 화투도 놓고, 이웃과 함께 마을숲으로 가요

숲의 치유효과는 많은 연구를 통해 과학적으로 검증되었다. 약에 의존하는 삶에서 벗어나려면 숲으로 가야 한다. 병이 생긴 후에나 도와주는 의료정책에서 벗어나 질병을 예방할 수 있는 정책으로 전환해야 한다. 자연의 힘에 의지하며 우리 몸이 가진 면역력의 힘을 키우는 '건강자립'을 돕는 정책을 고민해야 한다. 그래야 자연의 일부로서 나와 우리의 존엄성을 회복하고, 국가의 예산도 아낄 수 있다.

마을숲 시민학교 '경로당 마을숲 친구들'은 마을 곳곳에 있는 마을숲과 경로당을 연결해 치매와 질병을 예방하는 생활습관을 만들어 가는 프로그램이다. 경로당 마을숲 친구들이 함께 마을숲을 걷고 명상하고 대화하는 체험을 통해 치매와 질병을 예방하고 스스로 건강한 삶을 살 수 있는 길을 모색하는 것을 목적으로 한다.

50대를 넘어 60대에 이르면 누구나 노후를 걱정한다. 경제문제도 걱정이지만 외로움, 고독감 같은 정신적인 문제도 두렵다. 외로움과 고독감은 신체건강에도 큰 영향을 미친다. 어떻게 하면 덜 외롭게, 더 건강하게 살 수 있을까. 25세부터 고양신문 기자로 일한 나는 청년 시절부터 줄곧 어르신들과 가까이 지냈다. 어르신들의 삶을 살펴보면 자연과 친밀하게 사는 분들, 농협이든 경로당이든 친밀한 이웃이 있는 분들이 더 활기찼다. 실제로 숲은 노년기의 만성질환을 예방하고 회복하는 훌륭한 치유공간이다. 치유의 숲으로 이웃과 같이 갈 수 있다면 덜 외롭고, 더 건강한 노년을 스스로 꾸려갈 수 있다고 생각했다.

성실한 이웃들,
누구나 어느 한 분야는 고수

고양신문에서 34년 동안 일하면서 힘든 일도 꽤 있었을 텐데, 지난 일이어서 그런지 지금 생각하면 다 좋았다. 귀한 분들을 많이 만났고 그분들 덕분에 힘든 고비고비를 넘겼다. 25세부터 고양신문에서 일한 덕에 어린 나이에 어르신들과 친구처럼 지내기도 했다. 50대 60대 어르신들이 20대 청년을 마주하고 인생 이야기를 던져주셨으니, 얼마나 영광이었는지 모른다. 대부분 성실했고, 능동적으로 삶을 꾸려나갔다. 세 분 만나면 한 분은 스승이었다. 열심히 밭을 일구다 마을 일에 참여했고, 한두 분만 모여도 정치에 대해 열변을 토했다. 시대의 한계를 벗어날 수는 없었지만 국가와 도시의 문제를 진지하게 고민했다. 누구나 어느 한 분야는 전문가였고, 고수였다. 그들의 성실함과 겸손함을 배우고 자랐다. 나를 발목 잡거나 지치게 하는 것은 늘 나였다.

내가 나를 달래는 방법 중 하나는 식물을 관찰하거나 숲으로 가는 것. 식물과 식물이 가득한 숲에서 마음을 회복하곤 했다. 숲에 머무는 시간은 곧 갈등과 번뇌를 씻는 시간이었다. 기도를 하거나, 명상을 하거나, 어떤 상태에 이르기 위해 노력할 필요가 없었다. 식물과 숲 곁에 있으면 나를 힘들게 했던 마음들이 훅 사라졌다. 나이 들면 식물을 키우고, 식물로 치유 받는 공간을 만들고 싶어서 농협대 조경전문가 과정을 수강하기도 했다. 조경기능사 자격증도 받아 놓았다. 숲과 함께하는 미래를 생각하면 설렌다.

북한산 4700번 오른 하정우 선생의 삶

북한산 자락 삼송리에서 자란 나는 중년에 들어서면서 북한산에 푹 빠졌다. 집에서 10분이면 갈 수 있는 북한산은 우리동네 마을숲이었고, 나의 숲이었다. 북한산 곁에 살 수 있었던 것은 내 인생의 큰 축복이다. 북한산에 가면 항상 떠오르는 분이 있다. 하정우 선생이다. 북한산을 4,700번 오른 하정우 선생은 30대 후반부터 87세 돌아가시기 직전까지 줄곧 백운대 등반을 했다. 북한산을 등반하며 우연히 만난 벗들과 다정하게 지냈던 선생은 산에서 내려오면 혼자든 같이든 늘 소주 한 병을 드셨다. 소주만 안 드셨으면 100세 넘게 산에 오르실 수 있었을 텐데, 하는 아쉬움이 있지만 정작 선생은 "산길을 타듯 그렇게 편안한 마음으로 가노라"는 시 한 편을 남긴 채 여한 없이 훌쩍 떠나셨다.

선생은 북한산이 87세까지 산에 오를 수 있게 해준 의사였고, 평생 마음을 나눈 친구였고, 삶의 길을 열어준 스승이었다고 말했다. 나이 들어서도 산이 주는 안식의 즐거움과 생기 덕분에 충만한 행복감에 묻혀 살았다는 선생의 마지막 말씀이 북한산 숲 곳곳에 걸려 있다.

하정우 선생의 삶처럼, 숲은 나이 들어서도 스스로 생기를 회복하는 길을 열어준다. 숲의 혜택은 관념이 아니라 과학이다. 숲이 건강에 미치는 영향은 많은 실험과 논문을 통해 발표되고 있다. 산림청 홈페이지에 공개된 숲의 기능만 보아도 놀랍다. 숲길을 30분 이상 걸었을 때, 스트레스 호르몬인 코티솔이 1.113에서 0.082로 감소되고, 우울증 지수는 12.7에서 4.5로 떨어진다. 우울증 약이 필요 없다. 숲에 머무는 시간이 곧 치유의 시간이다. 우울증 약이 주는 부작용을 감안한다면 이제 우울증 처방에는 '일주일에 한 번 이상 숲길 걷기'가 포함되어야 한다. 부정적인 기분도 즉각적으로 감소된다. 도심을 걸을 때 부정적인 기분 지수가 9.8이었다면 숲길을 걸을 때는 2.8이다. 인지능력도 향상된다.

약보다 안전하고
확실한 숲의 치유력

나이 들면 누구나 안고 사는 고혈압도 나아진다. 숲길을 30분 이상 걸었을 때, 수축기 혈압은 125.0에서 115.4로 떨어진다. 숲 치유는 아무런 부작용이 없고, 정신과 신체의 다양한 질병을 동시에 치유하는 효과를 얻을 수 있다. 암 수술 후 회복력 상승 효과도 크다. 숲 길을 걷기 전후 암 수술 환자의 면역세포(NK세포)를 측정한 결과, 면역세포가 40.7%나 늘었다. 노화방지 항산화 효소도 45% 상승했다. 숲길을 걸었을 때 치유효과는 2주 이상 지속되면서 점차 감소한다고 한다. 한 달에 2번만 숲길을 걸어도 건강이 크게 회복될 수 있다. 숲길 걷기가 약이나 보약보다 더 확실하고 안전하게 질병을 예방하고 치유한다.

인간은 숲에서 수백만 년을 보냈다. 숲을 떠나 도시에 모여 산 시간은 0.01%로도 안 된다고 한다. 숲을 터전으로 살았던 인간의 유전자는 아직 그대로 살아있다. 인간이 숲에서 몸과 마음을 회복한다는 것은 어쩌면 당연한 이치다. 숲은 자연의 일부로서 우리가 스스로 회복력을 가질 수 있게 만드는 건강자립의 터전이다. 숲이 좋다는 것을 알아도 혼자 자주 가는 것은 쉽지 않다. 숲에 같이 다니는 친구들이 필요하다. 특히 나이 들면 가까운 숲이라도 혼자 나서기 어렵다. 하정우 선생처럼 젊어서부터 숲을 다니던 경험이 있다면 다르겠지만 대부분은 숲이 낯설다. 도시의 생활이 숲과 사람을 멀어지게 만들었다. 숲과의 관계를 회복하는 일은 쉽다. 한두 번 가보면 계속 가게 된다.

우리나라는 건강보험제도가 잘 되어 있지만 국가재정 측면에서는 큰 부담이다. 고령화 사회에 들어서면서 국가 부담은 점점 늘고 있다. 이는 곧 미래세대의 부담이기도 하다. 처방 위주의 건강보험

제도를 예방 위주로 전환한다면 재정부담을 줄일 수 있고 무엇보다 온 국민의 건강수명을 높일 수 있다. 일본과 영국 등 몇몇 국가들은 숲 치유를 건강보험에 적용하고 적극 활용하고 있다. 고양신문에서 일하며 늘 관심이 많았던 주제는 기회의 균등이다. 지역주민이 저마다의 다양성을 존중받으면서 행복하게 살 권리를 확대하는 길. 이 길을 도시 정책으로 보장해야 한다고 생각한다. 기회균등 정책이 우선적으로 적용해야 하는 세대는 어린이와 청소년, 어르신들이다. 스스로의 삶을 선택할 권리가 좁은 세대들에게 기회균등 정책이 더 절실하다.

매일매일 갈 수 있는 내 곁의 숲이 소중

마을숲 시민학교는 고양신문이 2020년부터 시작한 프로그램이다. 기후위기시대의 삶의 전환을 위해 마을숲에 주목했다. 멀리 있는 크고 멋진 숲보다 매일매일 갈 수 있는 내 곁의 숲이 삶에 더 큰 영향을 미친다. 마을숲은 도시의 온도를 낮추고 미세먼지를 흡수한다. 폭염과 폭우 등 기후위기 재난에 대응할 수 있는 녹색댐이다. 지역주민들이 마을숲과 친밀하게 살면 도시의 미래도 지키고 건강도 지킬 수 있다. 나아가 지구의 온도를 낮추는 데 기여할 수 있다. 마을숲 시민학교는 환경강좌, 건강강좌, 마을숲 탐방, 마을숲 활동 등 마을숲을 주제로 다양하게 진행됐다. 프로그램을 진행하다 보니 마을 마을별로 숲 활동을 진행하면 좋겠다 싶었다.

주민자치회와 농협, 경로당 등 중장년층이 모이는 공간을 거점으로 마을숲 활동을 진행하는 것을 목표로 '마을숲 친구들'을 기획했다. 모임별로 공간별로 이름을 붙이도록 하고 홍보와 섭외에 들어갔다. 고양시기업인연합회에서 강사비와 간식비를 후원해 우선 복지관 공공프로그램으로 시작할 수 있었다. 복지관별로 '마을숲 친구들'이 만들어졌고, 경로당 어르신들도 참여해 모두 11곳에서 마을숲 활동을 시작했다.

경로당 어르신들은 2곳 참여했는데 호응이 높았다. 실내에서만 생활하던 어르신들은 숲에 가는 날을 손꼽아 기다렸다. 숲 강사가 찾아가는 날은 신나는 숲 여행을 떠나는 날이었다. 프로그램은 재밌게 진행됐지만 강사비 부담이 컸다. 경로당마다 '마을숲 친구들'이 만들어지면 어르신들의 삶에 활력을 찾을 수 있을 것 같았다. 어떤 프로그램을 통해 삶이 나아질 수 있다면 이보다 멋진 일이 있을까 싶었다.

마을마다 있는 경로당과 마을숲을 연결하다

프로그램은 확대하고 싶은데 예산은 없고, 고민하던 중 산림청 녹색자금 공모사업이 있다는 것을 알게 됐다. 내용을 보니 딱 '마을숲 친구들'을 위한 공모사업이었다. 지난 몇 년간 운영했던 프로그램을 다듬고, 사과나무의료단과 함께 공모에 참여했다. 2억 원까지 지원되는 큰 규모의 공모사업이었는데, 최대한 많이 진행하고 싶어서 1억8800만 원을 신청했다. 공모사업 명칭은 '치매예방을 위한 숲 치유프로그램 – 경로당 마을숲 친구들'이었다. 마을마다 있는 마을숲과 마을마다 있는 경로당을 연결해 정기적인 숲 치유활동을 진행, 치매를 예방하는 길을 모색하겠다는 취지를 담았다.

마을숲과 경로당을 연결해 대안 복지공간으로 만들어보자는 이 계획안은 160개 경로당, 3200여 명을 대상으로 8회의 숲 활동을 진행하겠다는 다소 과감한 내용을 담고 있었다. 계획안을 보고 심사위원들이 질문을 던졌다. 이게 실현가능하겠느냐고. 참여 연인원이 25,600명이었으니 걱정될 만도 했다. 떨어질 줄 알았다. 돈에 쪼들려 마음조였던 터라, 국가 예산을 받아 원 없이 실현해 보고 싶었다. 절실함이 전달됐는지, 덜컥 선정이 됐다. 기쁨도 컸지만, 걱정이 더 컸다. 160개 경로당을 어떻게 모으지… 프로그램을 담당했던 유정순 국장은 너무 커, 너무 커, 한숨을 푹푹 쉬었다. 나도 잘되는 건 둘째고, 시작만 할 수 있길 바랬다. 걱정 속에 장대한 프로그램이 시작됐다.

사과나무의료재단이 주최로 참여했기 때문에 숲 활동이 건강에 미치는 영향을 측정해 볼 수도 있었다. 재단은 프로그램 전후 참여자들의 타액을 검출해 건강상태의 변화를 측정하기로 했다. 또 인지기능검사도 진행해 치매와 관련된 인지상태의 변화도 측정하기로 했다. 참여자만 잘 모집하면 공모 사업중에서도 꽤 의미있는 성과를 낼 수 있었다. 참여자의 규모를 볼 때 협업 없이는 불가능했다. 고양시 3개 노인회 지회장님과 직원들을 만나 이 프로그램의 의미와 가능성을 전하고 함께 해주시길 부탁했다. 이분들을 설득하는 일이 첫 과제였다. 지회장님들은 적극 나서주었고, 협약식을 진행할 수 있었다. 다행히 지회마다 나서서 참여 경로당을 모집해 주기로 했고 모집은 순탄했다. 하지만 경로당별로 소통하는 일이 쉽지 않았다. 경로당 회장님마다 성향도 달랐고, 소통도 쉽지 않았다. 많이 신청했고, 많이 취소했다.

숲과 이웃과 친밀해지는 시간 '걷고 명상하고 대화하고'

노인회 지회 협약식 후에는 숲 치유사 모집에 들어가 20명의 숲 치유사를 모집했다. 프로그램을 현장에서 이끌어가는 중요한 사람들이었다. 경로당마다 숲 치유사를 돕고 프로그램을 지원할 마을숲 활동가가 필요했다. 원래 계획안에는 경로당 별로 좀 젊은 분들을 활동가로 선발하고 별도의 교육을 진행할 예정이었지만, 경로당 어르신들 중에는 활동가를 할만한 사람이 없다는 의견이 대세였다. 급작스럽게 계획을 바꾸고 중장년층 주민을 대상으로 활동가를 모집했다.

계획이 수정되며 일이 커졌다. 모집인원이 320명이나 됐기 때문에 모집 자체도 힘들었고, 교육도 예상보다 비중이 높아졌다. 40명씩 8회에 걸쳐 3일 교육을 진행했다. 이것만으로도 벅찬 일이었다. 활동가를 경로당별로 2명씩 배치해 실습 프로그램에 참여하도록 했는데, 경로당과 활동가 짝 맞추는 일도 복잡했다. 모든 일은 현장 스텝들이 짊어지고 나가야 했다. 지금 생각해도 미안하다.

참여자와 숲 치유사 모집이 끝난 후 본격적인 프로그램이 진행됐다. '경로당 마을숲 친구들' 숲 치유 프로그램은 경로당별로 8회, 매

주 1회씩 두달 간 진행됐다. 프로그램은 기본 매뉴얼을 적용하되 경로당의 현장 상황과 어르신들의 상태에 따라 응용해 적용할 수 있다. 순서는 ① 서로 환대하기, ②) 몸 풀기, ③ 숲길 걷기, ④ 숲 놀이, ⑤ 숲 해설, ⑥ 숲 명상, ⑦ 차와 대화 순으로 연결된다.

경로당별로 아예 밖으로 나갈 수 없는 회원들이 많았고, 첫 단계 환대와 몸풀기는 주로 경로당 안에서 진행됐다. 환대 시간에는 서로 이름을 불러주며 반갑게 맞았다. 오래 알고 있는 사이였지만 이름을 불러주니 서로 더 반가워했다. 이어 몸 곳곳을 움직이며 부드럽게 몸을 풀어준 후 경로당 밖으로 나갔다.

가까운 공원이나 숲으로 이동한 후 숲길을 걷는다. 걷다가 나무 하나 꽃 하나 익히고, 나뭇잎과 가지, 열매를 장난감 삼아 놀이를 한다. 숲과 친구와 친밀해지는 시간이다. 숲에서 맑은 공기를 마시며 잠시 숲과 내 몸에 집중하는 명상의 시간을 갖는다. 마지막 마무리는 대화. 따뜻한 차를 마시며 대화하고 서로 마음에 담아둔 이야기를 나눈다. 이 대화의 시간은 특별한 일도 일어났다. 평생 같이 살아준 아내에 대한 사랑을 고백하며 눈물을 흘리는 어르신도 있었고, 자식에게도 말 못한 회한을 경로당 친구들에게 풀어내기도 했다.

숲 프로그램을 통해 건강수명을 높일 수 있다면

현장은 늘 상상과 다르고, 다양하기만 하다. 기대는 늘 엇갈린다. 그래서 기뻐도 실망스러워도 평정심을 유지하는 것이 좋다. 회원들의 건강상태가 생각보다 좋지 않아서 밖으로 모시고 나가는 것조차 어려운 경로당도 있었다. 숲으로 가는 일보다 화투가, 바둑이 더 재밌다며 따라나서지 않는 어르신들을 설득하는 것도 숙제였다. 결국 밖으로 나가지 못 한 곳도 있었다. 반대로 기대보다 활기차게 참여하는 경로당도 많았다. 작은 디딤돌을 놓았는데 벌써 삶의 활력을 회복하는 어르신들도 있었다.

어르신들은 숲길 걷기를 좋아했고, 마지막 마무리 대화도 좋아했다. 나무 한그루, 풀 한포기를 배우는 숲 해설 시간에는 감탄사가 곳곳에서 터졌다. 숲 놀이 때는 마치 어린아이처럼 맑게 웃으며 서로 친밀해졌다. 어르신들은 지난 몇 년간 만난 것 보다 오늘 하루 같이 어울린 시간 더 좋았다고, 더 친해진 것 같다고 했다.

상반기 100개 경로당을 모두 마쳤을 때는 회오리가 지나간 것 같았다. 하반기 60곳은 상반기에 비해 차분하게 진행됐다. 우여곡절 끝에 공모사업이 마무리됐고, 평가점수가 나왔다. 93점. 다행이었다. 산림청 공모사업은 3년 연속 사업이다. 평가점수가 좋으면 2년 더 지원을 받을 수 있다. 2026년 마을숲 프로그램은 사과나무의료재단에서 도맡아 진행하기로 했다. 한번에 진행하는 규모를 축소하고 대상도 다양화했다. 성과가 좋은 경로당은 심화 과정으로 들어가고, 복지관으로 영역을 확대했다. 중장년층을 대상으로 한 마을숲 활동도 추가했다.

사과나무의료재단은 더 정교한 연구를 설계하고 있다. 정책 확대를 위한 의미 있는 연구 결과가 나오길 기대한다. 숲 치유를 통해 건강수명을 높일 수 있는 정책이 마련된다면 마을숲은 기후위기시대 삶의 전환을 모색할 수 있는 새로운 삶의 터전으로 사랑받게 될 것이다.

고양의 1050곳 경로당, 촘촘한 마을돌봄 공간

고양시에는 1050곳의 경로당이 있다. 전국 254곳의 시군구에 있는 경로당을 모두 합하면 6만 8000곳이나 된다. 우리나라처럼 경로당이 마을마을마다 촘촘히 있는 나라는 없다고 한다. 경로당은 이웃이 함께 의지하며 살았던 옛 마을의 전통이요, 문화였다. 고양은 대단위 아파트단지 개발사업이 진행되며 수많은 옛 마을이 사라졌지만, 다행히 경로당 문화는 살아남았다. 아파트 마을 곳곳에 경로당 공간이 만들어졌고, 낯선 이웃들이 모여 친구가 되고 언니 동생이 되었다. 경로당은 초고령화 사회로 접어든 한국사회의 대안적 노인복지 공간이 될 수 있는 귀중한 장소이다. 그러나 지역사회는 경로당을 선거운동 할 때 꼭 들러야 하는 곳 정도로 인식하고 있다. 경로당이 품고 있는 가치와 가능성에 대해 주목하지는 못했다.

'경로당 마을숲 친구들'은 초고령사회로 진입한 한국사회에서 경로당은 어떤 역할을 할 수 있는지, 다른 도시들보다 먼저 초고령사회로 진입한 고양의 경로당은 어떤 공간이 되어야 하는지, 여러 질문을 품게 만들었다. 경로당은 노년을 서로 의지하며 보낼 수 있는 새로운 대안 복지공간, 서로 돌보며 살아가는 건강한 공동체로 다시 설계될 수 있을 것이다. 경로당의 새로운 전환을 기대해본다. 경로당을 찬찬히 들여다 보며, 나와 우리의 미래 공동체를 상상할 수 있었던 것은 축복이었다. 숲과 친구를 잘 사귀고, 경로당을 따뜻한 마을돌봄공간으로 만들어가야겠다.

치매예방을 위한 숲치유 프로그램
경로당 마을숲친구들

‘경로당 마을숲 친구들’ 참여 경로당 후기

소년소녀로 돌아간 기분 좋은 시간

– 이희수 (문촌 14단지 경로당 회장)

숲치유사 강사님이 진행을 잘 해주셔서 회원들의 호응이 높다. 경로당 밖으로 나가서 나무를 보고 꽃을 보는 시간 그 자체가 즐겁고 좋았다. 숲 체험 활동을 하면서 유년시절의 추억을 소환하며, 소년 소녀로 돌아간 듯한 기분 좋은 경험을 할 수 있었다. 경로당 회원들이 이 프로그램을 좋아해 주어서 고맙고, 경로당 활성화에 도움이 되어 회장으로서 보람이 크다. 무엇보다 회원들의 건강을 회복하는 데 도움이 되고 있고, 치매와 질병을 예방하는 건강한 습관을 키울 수 있는 것 같아서 마음이 뿌듯하다.

명상하고 놀고 서로 친해져서 좋아

– 이혜옥 (향동 두산위브더퍼스트 회장)

숲에서 명상하고 호흡하는 것이 참 좋았다. 숨의 소중함을 알게 되는 계기가 되었고, 명상을 통해 마음의 안정감을 느낄 수 있었다. 재미난 놀이를 함께 하며 함께 웃고, 서로를 새롭게 알게 되고, 더 친밀해졌다. 특히 혼자 걷기는 귀찮아하는 분들이 많았는데 우리가 함께 걸으니까 동기부여도 되고 몸과 마음이 더 건강해진 것 같다. 이번 프로그램을 통해 경로당에서 건강을 지키고 병을 예방할 수 있는 일을 함께 할 수 있다는 가능성을 느낄 수 있었다. 차와 간식이 있어 더 좋았다. 8회가 너무 짧아서 아쉽고 다음에 또 참여하고 싶다.

나무와 꽃 배우는 시간 즐겁다

– 정강지 (은행마을 1단지 경로당 회장)

그동안 경로당 안에서만 생활했는데 이 프로그램 하면서 밖으로, 숲으로 나가볼 수 있어서 좋았다. 나무와 꽃을 좋아했지만 정작 나무와 꽃에 대해 아는 것이 많지 않았는데, 숲 해설을 통해 소나무 잎이 몇 갈래인지, 단풍나무 꽃이 어떻게 생겼는지 알아가는 재미가 컸고, 그 시간이 참 즐거웠다. 다리가 불편해서 밖으로 못 나가시는 분들도 경로당 안에서 하는 스트레칭에 참여할 수 있어 좋았고, 그분들의 반응도 좋았다. 여러가지로 유익한 프로그램이었다. 강사들이 적극적이고 어르신들을 도우며 프로그램을 진행해 준 점이 고마웠다.

이영아의 공공프로그램 03

청소년들이 인생을 설계하는 시간 '나의꿈 페스티벌'

'나의꿈 페스티벌'은 청소년들에게 인생을 설계할 수 있는 시간을 제공하는 프로그램이다. 우리나라 청소년들은 참 안됐다. 학원과 시험에 쫓겨 자기 인생을 생각해볼 겨를도 없이 청년이 된다. 고등학교를 졸업하면 홀로 인생의 본궤도에 올라야 한다. 대학으로 가거나 취업을 하거나, 중요한 선택을 해야 하는데, 내가 어떻게 살아야 할지 고민한 시간이 많지 않다.

청소년들에게 인생을 생각할 수 있는 시간을 줄 수는 없을까? 청소년들이 인생을 생각해 볼 수 있는 8가지 질문을 정하고 이 질문에 답을 써내려가도록 했다. 질문에 답을 쓰기 위해 생각하는 과정이 곧 인생을 생각하는 과정이었다.

청소년들의 참여를 독려하기 위해 장학금을 주기로 했다. 이 프로그램의 취지에 공감하는 기업인들이 300만원 씩 모아 2000~3000만 원을 모았다. 첫 해 200여 명의 청소년들이 참여했다.

'나의꿈 페스티벌'은 1차 서류심사와 2차 인터뷰 심사로 구성된다. 청소년들은 온라인 신청 게시판에서 인생계획안 질문지를 다운받아 답변을 적은 후 다시 온라인으로 제출한다. 1차 서류심사는 질문에 정성껏 잘 응답했는지, 내용이 진실한지, 꿈이 절실한지, 어떤 도움이 필요한지 등등 몇 가지 기준으로 평가한다. 1차 심사를 통과한 친구들은 장학금을 후원하는 기업인들을 직접 만나 인터뷰 시간을 갖는다. 기업인들은 1차 계획안 심사 요약내용을 살펴보며 질문을 던진다. 청소년들이 질문을 할 수도 있다. 청소년들은 2차 인터뷰 심사에서 많은 것을 배울 수 있었고, 희망도 품게 되었다고 후기를 남겨주었다.

1차 계획안 심사를 맡은 나와 김선주 작가는 200여 명의 인생계획안을 눈물 콧물 흘리며 밤늦도록 읽었다. 청소년들은 진지했고 솔직했다. 학교 선생님이나 부모에게 보여주지 못했던 마음을 인생계획안에 담았다. 2차 인터뷰 심사에 참여했던 기업인들은 청소년들에게 마음을 활짝 열어주었다. 심사라기보다는 인생상담자 역할을 해주었다. 기업인들은 청소년들의 생각을 들으며 감동했고 오히려 배우는 점이 더 많았다고 한다.

이영아의 공공프로그램 04

동생들의 책 읽기를 응원하는 뿌듯한 봉사 '도서관의 친구들'

도서관의 친구들은 고등학교 친구들이 초등학교 친구들의 책 읽기를 지원하는 프로그램이다. 당시엔 고등학생 봉사점수가 대학 입시에 반영됐는데 학생들은 봉사활동처를 못 구해 어려움을 겪었다. 봉사활동이 일회성 이벤트처럼 진행되기도 했다. 청소년들이 더 의미있는 봉사활동을 경험할 수는 없을까? 어린이들은 누구나 책을 읽을 수 있는 기회를 고루 가져야 한다고 생각했던 나는 지역아동센터나 다문화친구들 등 책 읽기 기회가 더 적극적으로 필요한 어린이들을 생각했다. 이 친구들의 책 읽기를 동네 청소년들이 도와준다면 멋진 관계 맺기가 가능할 것 같았다.

학교별로 청소년 자원봉사 신청자를 받고 지역아동센터와 학교

로부터 어린이 신청자를 받았다. 다문화친구들이 많은 일산초등학교에서는 20여 명의 친구들이 신청했다. 10여 팀이 꾸려졌다. 한 팀에 초등학생 10여명, 고등학생 10명, 20여 명 안팎이니 꽤 많은 친구들이 참여한 셈이다. 청소년 한 명이 초등학생 한 명의 멘토가 되었고, 멘토는 추첨으로 뽑거나 성인강사들이 짝을 지어주었다. 청소년 멘토와 초등학생 멘티는 초등학생 거주지 가까운 지역도서관에서 일주일에 한번 만나 같이 책을 읽었다. 저학년들은 청소년들이 책을 읽어주기도 했다.

각 팀을 관리하고 운영할 성인 봉사자가 필요했다. 자원봉사센터를 통해 성인 봉사자를 모집했는데 정말 훌륭한 분들이 자원해주셨다. 초기에는 자원봉사센터의 지원으로 간식비와 일부 강사비가 지원됐다. 성인 봉사자들은 아이들을 위한 교재와 도구를 손수 준비하고 고등학생들에겐 친절한 상담사의 역할을 해주기도 했다. 이분들 덕분에 '도서관의 친구들'은 기대 이상으로 잘 진행됐다. 3년째 들어서면 프로그램은 자원봉사센터로 이관됐다. 자원봉사센터로 이관된 지 2년 후 아쉽게도 프로그램은 중단됐다.

'도서관의 친구들'에 참여했던 청소년들은 자신이 누군가를 도울 수 있다는 데 뿌듯함을 느꼈고, 자신감을 가졌다. 봉사에 대해 진지하게 생각해 본 적이 없었던 친구들은 이후에도 기회가 있으면 꼭 봉사활동에 참여하고 싶다고 말했다. 초등학생보다 고등학생들에게 더 많은 배움을 준 프로그램이었다. 초등학교 친구들과 고등학교 친구들이 서로 다정하게 책 읽는 모습이 아직도 생생하다. 아이들은 처음 한두 번은 서먹해하더니 곧 친형처럼 친언니처럼 잘 따랐다. 청소년들이 변하는 것을 보며 어떤 동기를 주는 일이 얼마나 소중한지 새삼 깨달을 수 있었다. 스스로 무언가를 해낼 수 있다는 자존감은 청소년기의 인생에 귀중한 경함이다. 성인봉사자분들과는 아직도 다정하게 지낸다. 귀한 인연이다.

주엽어린이도서관
주엽고
도서관의
중산고

2016 책으로 꿈을 응원하는 도서관의 친구들
성인·대학생·고등학생 멘토 출정식
2016. 4. 9(토) 화정도서관 시청각실

이영아의 공공프로그램 05

일산과 덕양, 호수공원과 북한산을 연결하다 '고양바람누리길걷기축제'

고양바람누리길걷기축제는 2007년 시작됐다. 고양은 한 도시지만 일산과 덕양이 분리된 도시처럼 여겨진다. 고양은 대강 일산이라고 해야 통한다. 일산 주민들은 덕양에 갈 일이 없다. 지금은 삼송에 스타필드와 이케아가 생기면서 일산 주민도 덕양을 찾지만 그때는 안 그랬다. 일산과 덕양이 한 도시라는 정체성을 가질 수 없을까? 서로 연결될 수 있는 프로그램을 만들고 싶었다.

일산의 상징인 호수공원과 덕양의 상징인 북한산을 연결해 걷는다면 좋겠다고 상상했다. 마침 두 곳은 한강 물길로 이어진다. 호수공원~한강~창릉천~북한산을 이어걷는 걷기축제를 기획했다.

걷기라면 늘 발 벗고 나서주셨던 고 유재덕 목사님께서 앞장서서 함께 추진해 주셨다. 몇 개월의 궁리 끝에 첫 바람누리길축제가 열렸다.

첫 축제 때는 북한산에 모여서 호수공원으로 걸어갔다. 당시 70대셨던 목사님은 북한산 백운대 흙을 한 줌 들고 와서 호수공원 흙과 합하자고 제안하셨다. 결론은 북한산 백운대까지 올라갔다가 내려와 호수공원까지 걸어가자는 것. 다들 너무 힘든 목표라고 토를 달았지만 결국 백운대 프로젝트는 진행됐다.

백운대 등반팀을 꾸리고, 북한산 아래 흥국사에서 하루를 묵고 새벽 4시에 백운대로 올라갔다. 12명 쯤 올라갔을까. 북한산 도사로 통하는 임철호 고양신문 산행대장님이 앞장섰고, 카메라 기자가 힘겹게 따라 붙었다. 북한산에서 내려와서 국밥 한그릇씩 먹고 8시에 걷기팀과 합류해 호수공원으로 걸었다. 다음 해부터는 북한산 등반은 생략되었고, 호수공원에서 출발해 북한산으로 걸었다. 지난해 18회 바람누리길 걷기가 진행됐다.

매년 2,000~2,500명이 참여하는 꽤 큰 걷기로 성장했다. 프로그램도 생명체처럼 환경에 영향을 받으며 자란다. 일산과 덕양을 이어주는 걷기는 이제 '건강과 환경'이란 주제를 하나 더 얹게 됐다. 기후위기시대 걷기는 지구온도를 낮추는 삶의 방식이 되었고, 기후위기시대의 숲길 물길은 도시의 안전을 지키는 녹색보루가 되었다.

고양바람누리길 걷기축제
호수공원~
한강~북한산
30km 함께 걸어요
고양신문
고양시걷기연맹
고양바람누리길 걷기축제
호수공원~
한강~북한산
30km 함께 걸어요

고양 600년 기념
독도는 우리땅, 북한산은 고양땅

이영아의 공공프로그램 06

15년 이어오는 시민사회 토론회 '고양포럼'

지역주민과 함께 만들어가는 지역사회 공론장

정치인들은 늘 주민이 주인이라고 말하지만, 주인 이야기를 잘 듣는 정치인은 드물다. 선거 때만 지나면 주민들은 늘 부탁해야 하는 입장이 된다. 주민이 왜 정치인에게 부탁을 해야하지? 동등하게 대화하고 협의할 수 없을까? 그래서 토론회를 자주 진행했다. 지역주민이 정치인과 동등하게 대화하는 장을 만들고 싶었다. 정기적인 포럼도 열었다. 매월 셋째 주 저녁에 열리는 고양포럼은 2011년부터 평화누리 등 여러 단체들과 함께 진행했고, 매월 둘째 수요일 열리는 고양경제포럼은 2018년부터 기업인단체들과 함께 개최하고 있다. 매월 2번의 정기포럼을 주최하는 일은 버거운 일이지만, 포럼만큼은 고양신문 직원들이 힘을 모아 진행했으면 했다.

고양포럼은 지역의 현안과 시대의 현안을 넘나들며 강연과 토론을 진행한다. 고양포럼이 15년 가까이 지속될 수 있었던 것은 고 최준수 목사님의 헌신적인 활동 덕분이었다. 목사님은 다들 사회활동을 접는 나이에 고양포럼을 시작하셨다. 이후 돌아가시기 직전까지 10여 년 넘게 정성을 쏟으셨다. 목사님은 돌아가시기 1년 전부터 앞으로 고양신문이 주도해 고양포럼을 운영했으면 좋겠다고 말씀하시더니 어느 날 홀연히 떠나 버리셨다.

고양신문을 비롯해 여러 단체들이 함께 운영했다고 하지만 대부분의 실무가 최 목사님의 노력으로 이루어졌다. 목사님은 누군가 자신처럼 일을 맡아주어야 고양포럼이 지속될 수 있다는 것을 알고 계셨다. 개별 단체보다는 고양신문이 믿을 만하셨던 거다. 70세를 훌쩍 넘긴 목사님은 여전히 청년 활동가처럼 활동하셨고, 그 모습을 볼 때마다 죄송한 마음이 컸다. 돌아가시기 몇 달 전 다시 나를 붙잡고 고양포럼 운영 문제를 이야기하셨다. 목사님을 더 적극적으로 돕겠다고 말씀드리고 고양신문이 주도하겠다는 말씀은 차마 못 드렸다. 신문 만드는 일도 버거운데 고양포럼까지 전적으로 맡으면 직원들의 일이 더 많아진다. 사실 직원들의 반응이 두려워서 선뜻 대답하지 못했다.

막상 목사님이 떠나시니, 그간 더 적극적으로 나서지 못했던 죄송함이 앞을 가려, 고양포럼 운영을 고양신문이 맡아보겠다고 나섰다. 고양포럼 참여단체에 양해를 구하고, 직원들을 설득했다. 우리가 맡으면 내가 회원을 많이 늘려서 고양포럼 운영비뿐만 아니라 고생하는 직원들 인건비도 만들어 보겠다고 약속했다. 직원들은 내 약속을 믿지 않았지만, 고맙게도 고양포럼 운영을 위한 역할분담을 해주었다. 그렇게 고양포럼의 역사를 이어갈 수 있게 되었다. 최 목사님이 그립다.

이영아의 공공프로그램 07

정치인과 기업인의 대등한 토론광장 '고양경제포럼'

고양경제포럼은 몇 가지 목적을 위해 구성됐다. 지역경제 관련 주요 정책에 지역기업인들의 요구가 반영됐으면 했다. 특히 정치인과 기업인이 대등하게 만나 대화하고 토론하는 자리가 있어야 한다고 생각했다. 정치인들 중에는 기업인 만나는 것을 회피하는 사람들이 있다. 기업인을 만나면 무슨 특혜를 주는 것 같은 생각이 드는가 보다. 지역기업인들은 일자리 창출하고 세금 내면서도 정치인에게 항상 부탁하는 입장이 된다. 지역기업은 정치인이 먼저 나서서 챙겨야 한다. 지역기업이 매출을 올리고 더 성장할 수 있는 길이 있다면 발 벗고 지원해야 한다. 혜택을 주어야 한다. 혜택에 대한 이익이 있다면 지역사회로 다시 투자해줄 것을 권장하면 된다. 답답한 마음에 토론장을 만들기로 했다.

또 다른 이유도 있다. 고양시 경제단체는 고양상공회의소와 고양기업경제인연합회로 분리돼 적지 않은 갈등을 겪고 있었다. 고양시 경제단체들이 서로 만나 친밀해지고 두 단체가 통합될 수 있는 기반을 마련할 필요가 있었다. 고양신문 입장에서는 기업인들과 협업하며 가까워질 수있는 기회를 만들 수 있었다. 이상헌 고양상공회의소 회장님 등 몇몇 기업인들의 적극적인 참여와 고양신문 직원들의 노고 덕분에 경제포럼은 꾸준히 이어지고 있다.

정치인과 기업인의 대등한 토론장을 추구했던 목표는 이재준 시장 때는 어느 정도 달성됐지만 이동환 시장 때 무너졌다. 이재준 시장은 특별한 일정이 없으면 참여했다. 시장의 참여는 그 자체만으로도 활력이 되었다. 이동환 시장은 경제포럼이 열리는 둘째 수요일 아침에 아예 간부회의를 잡아버렸다. 단 한 번도 나오지 않았다. 포럼은 다소 위축됐지만 중단되지는 않았다. 시의원 도의원 국회의원의 비중이 높아졌고, 경제 현안이나 경제정책에 대한 정보를 얻고 의견을 나눌 수 있는, 나름 의미있는 모임으로 자리잡아 가고 있다. 경제단체 통합을 위한 공감대 형성의 역할도 어느 정도는 해냈다. 고양상공회의소와 고양기업경제인연합회가 통합을 추진했고, 통합 회장을 선출했다.

매월 둘째 수요일 아침 7시, 소노캄에서 열리는 경제포럼을 위해 고양신문 직원 3명이 새벽 출근을 했다. 보통 6시 20분에는 도착해야 이런저런 준비를 할 수 있다. 강연이 끝나고 식사를 하는데, 초기에는 회원들에게 받는 회비보다 식사비가 더 나가서 직원들의 불만을 사기도 했다. 이제는 고비를 넘기고 적자는 면한 상황이다. 광고도 내주고 구독도 해주는 회원들이 있어서 신문사 운영에도 도움이 되고 있다. 고양경제포럼 회원이 100명쯤 되면 자생력이 충분히 생길 수 있다. 고양경제포럼이 같이 모여 공부하고, 정치인과 기업인, 시민이 대등하게 만나 자유롭게 토론할 수 있는 지역사회 공론장으로 성장하길 바란다.

지역사회의 정책과 현안에 대해 지역주민들이 자유롭게 토론하는 자리가 있어야 한다고 생각했고, 고양신문이 그런 자리를 마련할 수 있다고 생각했다. 시의원 도의원 시장 국회의원들과 협업할 수 있다면 토론회는 한발 나아가 정책 결정에 영향을 미치는 공론장의 역할을 할 수 있다. 고양포럼과 고양경제포럼이 정치와 시민의 간극을 좁히는 공론장이 되었으면 한다. 지역사회의 주요 정책을 만들 때 지역주민의 의견이 반영되어야 한다는 것은 누구나 알고 있다. 정치인도 알고 주민도 안다. 어쩌면 우리에게 토론의 광장과 토론의 기술이 부족했는지도 모른다. 정치인과 주민이 자유롭게 토론하고 협의하고, 협의한 내용을 정책에 반영한다면 둘 다

얼마나 반갑고 좋은 일인가. 지역사회 공론장을 만드는 일은 주민 스스로 결정할 수 있는 권한을 확대하는 일이다. 지역사회 공론장이 활발하면 정치인과 주민 사이의 막힌 통로를 뚫어낼 수 있다. 공론장을 활성화 할 수 있는 기술과 역량이 필요하다.

3장

자치,
더디지만 성장하다

한국 민주주의 역사는 자치를 위한 역사였다. 87년 민주항쟁은 지방자치를 부활시켰고, 2008년 촛불항쟁은 자치분권 개헌운동을 일으켰다. 2024년 빛의혁명은 이재명 정부의 자치분권국가를 태동시켰다. 김대중 대통령이 13일 단식투쟁으로 부활시킨 지방자치의 역사, 더디지만 꾸준히 성장하고 있는 자치의 역사를 살펴본다.

김대중의 자치

13일 단식투쟁으로 자치를 부활시키다

김대중 대통령은 민주주의, 평화의 정치인으로 알려져 있다. 김대중 대통령이 권위주의 체제에 종지부를 찍고 한반도 평화의 문을 열었던 공로는 대한민국 역사에서 늘 살아 숨쉴 것이다. 김대중 대통령이 평생 힘을 쏟아 강조했던 주제가 '자치'이다. 1963년 국회의원으로 당선되던 때부터 지방자치를 요구했고, 1971년 대통령 선거에서 지방자치제 실시를 공약으로 내걸었다. 노태우 정부 때는 13일간 목숨을 건 단식투쟁을 벌이기도 했다. 작년 12월에 고양시 시민들이 고양김대중포럼을 결성한 것도 김대중 대통령의 삶과 정신을 따라 고양시에서 풀뿌리 자치 민주주의를 구현하고 남북 교류의 마중물을 만들려는 열망의 결과이다.

지방자치의 선구자 '미스터 지방자치' 김대중

김대중 대통령의 자치에 대한 열정은 정치에 나섰던 시대적 상황과 무관하지 않다. 1948년 제헌헌법에서 지방자치가 명시되고 실제 지방의회 선거가 실시되었다. 하지만 1961년 군사구테타로 대한민국 정치체제에서 지방자치는 암흑의 시대로 접어들었다. 박정희 정부는 지방의회를 해산하고 지방자치를 중단시켰으며, 전두환 정부도 이러한 조치를 이어갔다. 독재자가 주관하는 중앙집중 권력체제를 고수하며 지방자치를 억압하였다. 독재는 자신의 권력에 민초가 참여하는 자치가 두려웠던 것이다.

김대중 대통령의 '행동하는 양심'은 지방자치를 요구하는 단식투쟁에서도 보여진다. 1987년 6월 민주화운동의 성과로 지방자치의 복원이 강조되고 마침내 1989년 12월 노태우 대통령과 야 3당(평민당 김대중, 민주당 김영삼, 공화당 김종필)이 '지방자치제 전면실시'를 합의하였다. 이는 이듬해인 1990년에 지방의회, 1991년에 지방자치단체장 선거를 실시하여 516 쿠데타로 중단된 지방자치를 30년만에 부활하기로 약속한 역사적 합의였다.

하지만 합의 다음 달인 1990년 1월, 민정당, 민주당, 공화당의 3

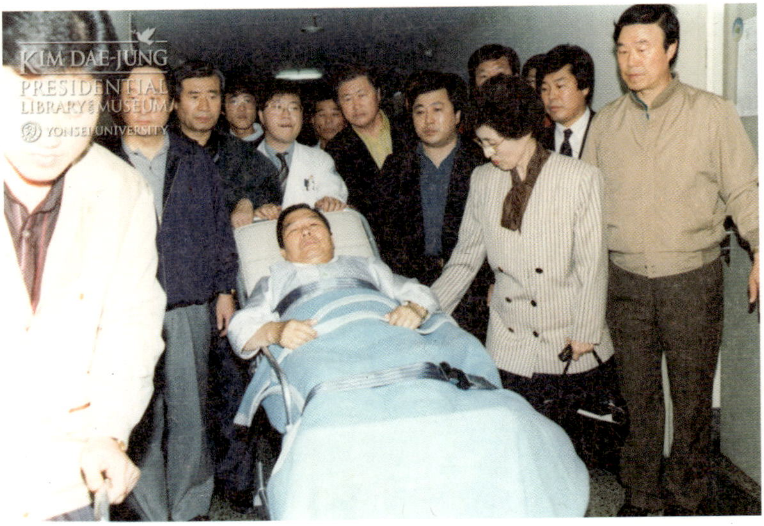

1990년 10월 15일, 김대중 대통령이 단식 8일째
급격한 건강 약화와 의료진의 강력한 권유로
서울 신촌 세브란스병원에 입원하였다.

(사진: 김대중 도서관 Digital Archive)

당 합당이 전격 발표되고 지방자치 선거 일정은 안개 속으로 빠져 들어갔다. 이에 김대중 대통령은 66세의 나이로 무기한 단식투쟁에 돌입하였다. 결국 노태우 정부는 다시 지방자치 실시를 약속할 수밖에 없었고, 논란 끝에 1991년 의회 선거, 1995년 단체장 선거가 진행돼 오늘의 지방자치체제가 형성되었다.

김대중 대통령은 대통령에 당선된 이후에는 1999년 '중앙행정권한의 지방이양 촉진 등에 관한 법률'을 제정하여 지방정부에 적합한 국가 사무를 지방자치단체로 이양했으며, 지방자치법 개정을 통해 주민이 직접 조례를 제안하거나 개정, 폐지를 요구할 수 있는 주민조례발안제도를 도입하였고, 주민이 직접 행정 감사를 청구할 수 있는 주민감사청구 제도도 시행하였다.

김대중의 인생을 관통하는 '자치'

김대중 대통령은 스스로 자신을 '미스터 지방자치'로 불렀다. 그만큼 지방자치에 대한 그의 열정은 정치 인생 전체를 관통한다. 다음은 자서전의 일부이다.

"정치인 김대중에게 별명을 붙인다면 '미스터 지방자치'가 제일

어울릴 것도 같다. 1963년 제6대 국회의원 선거에서 당선된 이후 나는 예산 심의가 있을 때마다 지방자치제를 실시하라고 요구했다. 때로는 몇 시간씩 이 문제를 추궁하기도 했다. 1971년 대통령 선거에 나섰을 때도 지자제 실시를 주요 공약으로 내세웠다."

김대중 대통령에게 지방자치는 왜 그토록 소중했을까? 그에게 지방자치는 지방행정제도 개편을 훨씬 뛰어넘는 민주주의 본령의 의제였다. 민주주의는 시민들의 주요 사안에 대하여 의사결정권을 가지고 상호 의견을 조정하는 과정이다. 즉, 시민들이 자신이 사는 지역사회에서 자신의 대표자를 선출하고, 일상 사안에 대하여 꾸준히 사안을 논의하고 문제를 해결하는 풀뿌리 자치가 민주주의의 핵심이다. 김대통령도 한평생 독재 권력에 맞서 싸우면서도 시민들의 일상 생활에서 주체가 되는 '자치'를 소중히 여겼고, 중단된 지방자치의 부활을 위해 목숨까지 걸었다.

김대중이 지방자치를 추구한 세 가지 이유

첫째, 지방자치는 시민 민주주의 본령이면서 한국 민주주의 체제를 공공하게 하는 수단이다. 우선 지방자치는 균형발전으로 가는 길이다. 한국은 산업화 과정에서 지역불균형 발전이 고착화되었고 김대중 대통령은 호남지역 출신 정치인으로서 누구보다 이 문제의 심각성을 몸으로 경험한 사람이다. 특정 지역 중심의 산업 전략, 권력 독과점을 해체하기 위해서는 아래로부터의 지방자치가 활성화하여 대한민국 전역에서 권력이 수평화되는 지방화 시대를 열어야 한다.

둘째, 김 대통령의 자치는 시민의 민생을 구현하는 복지국가와 연결된다. 김 대통령은 대통령으로 당선되자 마자 IMF 금융위기에 대응하여 사회안전망 구축에 나섰으며 복지가 시민의 권리로서 삶의 활력을 만들어 내는 '생산적 복지' 개념을 주창하였다. 복지는 시민의 민생이고 권리이기에 중앙에서 획일적으로 설계하는 방식을 넘어 주민 삶의 목소리가 담겨야 한다고 생각하였고 이러한 취지에서 복지제도들을 다듬어 갔다.

주요한 복지 정책으로는, 2000년 국민기초생활보장제도를 도입하여 대한민국 복지 역사에서 최초로 복지가 '시민의 권리'임을 명시하였다. 또한 외환위기 상황에서 국민연금 확대가 어렵다는 반대에도 무릅쓰고 1999년 도시지역 국민연금을 시행하여 전 국민 국민연금 시대를 열었으며, 의료보장성 강화를 위하여 수백 개로 흩어져 있던 의료보험들을 국민건강보험으로 통합하였다.

2002년 제3회 전국 동시지방선거에
투표하는 김대중 대통령 내외분

(사진: 국가기록원)

셋째, 김대통령에게 지방자치는 당시 투명하지 못한 선거체계에서 민주적 선거를 보장하는 중요한 방어벽이었다. 중앙정부가 지방행정을 장악하고 통제하는 구조에서는 투명한 민주선거를 보장하기 어렵다. 지역 시민들이 직접 구성한 지방자치단체, 지방의회가 살아 있어야 대의제도도 제대로 작동할 수 있다. 지방자치가 자리를 잡아야 직접 투표가 이루어지는 현장에서부터 중앙정부의 관건선거를 방지할 수 있다는 판단이다.

동사무소를
주민자체센터로 전환

김대중 대통령의 지방자치는 지방의회, 자치단체장 선거에 이어 한 걸음 더 풀뿌리로 내려간다. 바로 주민자치의 본격 추진이다. 김대중 대통령의 지방자치의 완성은 '주민이 주인인 직접민주주의'이었고 이를 위해서는 주민이 사는 일상 공간에서의 자치가 요구되었다.

김대중 대통령은 기존 행정업무에 한정되었던 읍면동사무소를 주민 중심의 공간으로 개편하기 위하여 주민자치센터로 전환해 갔다. 동네마다 있는 핵심 공간을 행정 기능에 한정하지 않고 주민들의 문화, 복지, 자치의 거점으로 만들자는 취지이다. 읍면동사무소가 행정의 하향식 일방 체계의 상징 공간이었는데, 이제 주민 스스로 지역 문제를 해결하고 공동체를 만들어 가는 자치공간으로 탈바꿈하려 하였다.

또한 주민자치센터의 운영에 주민 대표들이 참여할 수 있도록 주민자치위원회를 구성해 나갔다. 주민자치위원회는 주민자치센터의 운영, 프로그램 기획, 지역주민 지원 등을 맡으며 지역사회 관치 독점체제에 민치의 길을 여는 역할을 부여받았다. 당시 주민자치위원회가 동의 자문기구 성격에 머무르고 실제 지역사회에서 관여할 수 있는 역할이 많지는 않았지만, 오랜 군사독재체제에서 사라졌던 주민자치제도를 복원하였다는 점에서 그 의의는 크다.

고양시에서
김대중 자치를!

이제 우리는 김대중 대통령이 평생에 걸쳐 추구했던 지방자치 제도를 가지고 있다. 이제 시민들이 지방자치를 민주주의 당연한 토대로 인식할 만큼 지방자치가 우리 일상생활에 뿌리내리고 있다. 여러 시행착오도 있지만, 지역에서 풀뿌리 민주주의 훈련과 성장이 이루어지고 있는 것은 분명하다. 그럼에도 여전히 중앙권력이 강하고 지역사회 공동체는 불안정하다. 앞으로 지방정부의 재정력이 강해져야 하고, 지역 균형발전도 남아 있는 숙제이다. 초고령사회 돌봄, 기후위기 지역 재생에너지 체제 구축 등을 위해서는 지역사회 공동체가 절실하며, 이를 책임질 주민 주체 형성도 우리 모두의 과제이다.

지방자치가 실시된 지 30년이 넘었으며 올해 6월에는 민선 9기 지방방선거를 앞두고 있다. 김대중 대통령이 꿈꾸었던 지방자치의 역사가 한 세대 시간이 흘렀고 다시 넘어야 할 과제도 안고 있다. 고양시는 김대중 대통령이 대통령에 당선되기 이전에 살던 곳이다. 누구보다 고양 시민들이 김대중 대통령의 정신을 이어 평화와 민주주의, 자치를 구현해 가기를 바란다. 2025년 12월, 뜻을 모은 시민들이 고양김대중포럼을 결성하여, 김대중 대통령 사저 활성화, 남부 민간교류 추진 등을 다짐하였다. 내가 사는 곳 고양시에서 풀뿌리 민주주의를 구현하는 혁신자치의 모델이 만들어지기를 고대하고 또한 나 역시 헌신하고자 한다.

노무현의 자치

지방분권을 위한 기반을 마련하다

노무현 대통령은 자신의 정부를 '참여정부'로 불렀다. 김대중 정부가 민주화의 제도적 틀을 마련했다면, 노 대통령은 국정 운영에서 시민의 적극적이고 창의적인 참여를 이끌어 실질적 민주주의를 구현하려 하였다. 참여민주주의는 소수 엘리트와 관료가 독점하는 권력을 시민들과 나누는 일이며, 정부 운영에서는 중앙정부에 집중된 권한을 지방정부와 지역주민들에게 이양하는 일이다. 결국 노무현 대통령의 참여에는 시민 '자치'가 뿌리를 이루고 있다.

자치,
깨어있는 시민의 참여

노무현은 강조했다. "민주주의 최후의 보루는 깨어 있는 시민의 조직된 힘"이라고. 시민들이 투표를 통해 대통령과 국회의원, 자치단체장을 뽑지만, 노무현 대통령은 대의 민주주의가 지닌 한계를 명확하게 인식한다.

시민들이 투표를 통한 주권 행사는 4~5년에 한 번씩 가능하지만, 일상생활에서 의사결정이 필요한 일들은 수없이 많다. 매일 동네에서 대중교통을 이용하고, 도서관을 가고, 공원을 산책한다. 나아가 지자체가 시행하는 사업을 평가하고 지역예산을 감시하는 활동도 요구된다. 모두 깨어 있는 시민들이 지역에서 수행할 활동들이며, 이것이 바로 민주주의의 핵심이다.

노무현 대통령의 지방자치에 대한 관심은 1993년에 서울에서 설립한 '참여시대를 여는 지방자치실무연구소'에서 확인된다. 국회의원 재선에 실패한 후, 정치적 도약을 꿈꾸며 준비한 의제가 바로 '지방자치'였다. 그에게 지방자치는 단순한 행정제도 개편이 아니라 권위주의체제에서 억눌려 있던 민초의 의식과 권리를 일깨우는 의제였다. 자치는 사람이 사는 공간에서 '공동체'를 만드는 프로젝트이다. 결국, 김대중 대통령이 그러했듯이, 노무현 대통령에게도 지방자치는 민주주의 핵심이며, 시민이 만드는 공동체의 기반이었다.

지방자치
3대 특별법을 제정하다

노무현 대통령은 임기 내내 자치를 추구했다. 임기 시작부터 '지방분권과 국가균형발전'을 국정의 핵심 과제로 설정하였다. 이를 위해서는 기존 행정지역체계를 뿌리부터 바꾸어야 한다는 소신으로 행정 수도 이전을 추진했다. '관습헌법'이라는 어처구니없는 판결로 행정수도는 옮기지는 못했지만, 수도권 집중을 분산하고 지방자치를 이루려는 그의 의지는 결연했다.

노무현 대통령은 김대중 대통령처럼 행동하는 지도자였다. 지방자치를 실행하기 위하여 3대 특별법을 제정하였다. 바로 지방분권특별법, 국가균형발전특별법, 신행정수도건설특별법이다. 우선, 지방분권특별법은 중앙정부 스스로 자신의 권한을 지방으로 이양하여 지방정부의 자율성과 책임성을 강화하는 내용을 담은 법률이다. 여기서 행정의 주인공은 기초 지자체이다. 기초 지자체에서 수행할 수 있는 일은 기초 지자체가 담당하고, 이를 벗어나는 사무는 차례로 광역단체, 중앙정부가 보완하여 맡는 '보충성 원칙'이 명시되었다. 정부 행정업무에서 지방정부의 우선적 역할을 명확히 한 것이다.

1,284개 사무 지방으로 이양, 자주 재정권 확대

이에 따라 임기 중 중앙정부의 기능 중에서 1,284개 사무가 지방으로 이양되었고, 이를 재정적으로 뒷받침하는 포괄보조금 제도도 도입해 지방정부의 자주적 재정권을 확대했다. 이양 사무는 주로 보건복지, 환경, 문환관광도 지역주민의 민생과 긴밀히 연결된 사업으로서 지방분권, 지방자치가 구체적으로 실행되었음을 보여주는 사례이다.

국가균형발전특별법은 대한민국의 지역 불균형 발전 현실에서 전국 모든 지역이 골고루 잘 사는 사회를 건설하기 위한 목적을 지닌 법이다. 이에 지역의 재정 격차를 해소하기 위하여 국가균형발전 특별회계를 설치하였으며 수도권 소재 공공기간을 단계적으로 지방으로 이전하였다.

2007년 10월, 노무현 대통령이
진주혁신도시 기공식에 참여하고 있다.

(사진: 노무현사료관)

나아가 국가균형발전의 취지에서 중앙정부가 국세에서 지방으로 나누는 지방교부세율을 15%에서 세 차례 인상을 통해 19.24%까지 상향했다. 지방교부세는 중앙정부가 자신이 직접 사용하던 국세의 일부를 보조금이 아닌 자주재원으로 지자체에게 제공하는 재원이다. 중앙정부가 지방재정 분권과 자율에 대한 확고한 철학과 실천 의식이 요구되는 조치로서, 노무현 대통령이었기에 가능한 일이었다(지방교부세율은 2006년 19.24%로 인상된 후 20년이 지난 현재까지 그대로이다).

신행정수도건설특별법은 수도권 중심체제를 깨기 위한 근본적인 시도였다. 노무현 대통령은 행정수도가 서울에 있음으로 인해 국가 중추 기능이 과도하게 수도권에 집중되는 부작용이 크다고 판단하였다. 이에 지방화 시대 흐름과 국가 균형발전의 필요성을 반영하고 중앙정부 74개 행정기관을 충청권으로 이전하는 계획을 수립하였다.

비록 행정수도 이전은 관습헌법에서 '서울이 수도'라는 헌법재판소의 판결에 따라 진행되지 못하였지만, 이후 세종시 행정중심복합도시로 변경되어 수도는 서울에 두되 중앙행정기관이 부분적으로 세종으로 이전하는 변화가 진행되고 있다. 오랫동안 행정수도 서울 집중의 문제가 논의되었지만, 행정수도 이전을 실행하려고

2004년 노무현 대통령이
'지방화와 균형발전시대 개막' 선포식에 참여하고 있다.

(사진: 국가기록원)

나선 정치인은 노무현 대통령이었다. 그만큼 행정수도 이전은 노무현 대통령의 도전 정신이 드러난 시도였으며, 대한민국 행정체계의 근본적 전환을 이룰 수 있는 중요한 출발점이었다.

주민참여예산제를 도입하다

노무현대통령은 지방자치의 강화와 함께 풀뿌리 주민의 참여에도 관심이 컸고 실제 이를 위하여 '주민참여'를 법률에서 제도화하였다. 우선 주민참예산제를 법에 명시하여 제도화하였다. 주민의 실질적 참여는 예산 편성과정에서부터 구현되어야 한다. 주민참여예산제는 1989년 세계 최초로 브라질 프로투알레그리에서 도입되었다. 한국에서는 2003년, 광주광역시 북구, 울산시 동구에서 시도되었는데, 노무현 정부가 2005년 지방재정법에 이를 조문으로 명시하였다.

또한 2004년에는 지자체의 주요 결정사항에 대한 주민의 직접 참여를 보장하는 '주민투표법'을 제정하였고, 2006년에는 지방정부의 민주성과 책임성을 주민이 직접 물을 수 있는 '주민소환법'도 제정하였으며, 지방자치법을 개정하여 주민조례발안제도의 요건도 완화하였다. 현대 민주주의가 대의제도에 기반할 수밖에 없지만, 이 제도들은 주민이 생활하는 일상 지역사회에서 주민이 참여하는 직접민주주의 기반을 만들려는 노무현 대통령의 의지와 노력이 낳은 열매들이다.

노무현이 다하지 못한 과제

역사적으로 노무현 대통령의 자치는 어떻게 평가할 수 있을까? 김대중 대통령이 대한민국에서 지방자치를 부활시켰다면, 노무현 대통령은 지방분권의 제도적 기반을 구축하였다. 두 대통령 모두 자치에 대한 확고한 철학과 이를 구현하는 실천력을 보여주었고, 그 덕분에 우리는 현재의 지방자치, 주민자치를 누릴 수 있게 된 것이다.

남은 과제도 많다. 지금도 지방정부의 역할은 제한적이며, 지방 소멸까지 진행되고 있다. 주민자치에서도 주민들이 진정 주인으로 자리 잡은 것은 아니다. 중앙정부의 권한이 더 많이 지방으로 이양되어야 하고, 지방정부의 재정은 더욱 보강되어야 하며, 주민들이 지역사회에서 실질적 의사결정자가 되도록 주민자치의 혁신이 요구된다. 자치의 역사적 상징인 김대중, 노무현 대통령의 성과 위에서, 남은 과제는 우리의 몫이다.

문재인의 자치

지방분권국가, 개헌을 추진하다

자치분권, 문재인 대통령이 지방자치에 대한 철학과 소신을 보여주는 핵심 단어이다. 그는 2012년 대통령 후보 시절 시도지사 정책협의회에서 지방분권과 균형발전을 위해선 혁명적인 전환이 필요하다면서 '분권까지 제대로 이루는 연방제 수준의 분권국가'를 만들겠다고 말했다. 정치권에서 '지방자치'를 이야기하지만 중앙정부가 재정을 주도하는 상황에서는 실질적인 지방자치는 가능하지 않다. 이를 누구보다 잘 알고 있었기에, 문재인 대통령은 '재정분권'을 천명했고 나아가 중앙정부의 권한을 대폭 지방으로 이양하여 '연방제' 수준의 분권국가를 제안한 것이다.

“연방제 수준의 분권국가를 만들겠다”

그의 지방자치 소신은 촛불혁명의 힘으로 2017년 대통령에 당선된 그해 10월 〈자치분권 로드맵〉으로 현실화된다. “내 삶을 바꾸는 자치분권”을 비전으로 제시한 이 로드맵의 목표는 “연방제에 버금가는 강력한 지방분권”이다. 문재인 대통령이 시행한 주요 지방분권을 살펴보자. 첫째는 중앙정부의 권한을 획기적으로 지방으로 이양하였다. 시 정부 사무가 총 46,006개에 달했는데 중앙정부가 31,161개(68%), 지방정부가 14,844개(32%)를 맡고 있었다. 중앙정부가 양적으로 2/3 이상의 사무를 주관하고 있고, 더 문제는 지방정부가 맡고 있는 사무가 대부분 점검과 단속, 과태료 부과 등 단순 집행사무라는 점이다.

문재인 정부는 교육, 치안, 지역경제 등 주민생활과 밀접한 핵심 기능을 지방정부에 포괄적으로 이양하겠다는 계획을 수립하였다. 이에 지방이양을 일괄적으로 추진하는 법률을 제정하였고 19개 부처의 일부 사무를 기능 중심으로 포괄 이양하였다. 가장 상징적인 지방이양은 자치경찰제이다. 기존 국가경찰이 지닌 역할 중 생활안전, 교통, 여성청소년 등 지역 민생치안이 자치경찰에 맡겨졌다.

둘째, 국가재정에서 지방정부의 세입 비중을 늘리는 재정분권을 추진하였다. 우리나라는 복지 지출이 늘어나면서 지방정부의 재정 부담이 커지고 국고보조사업 체계에서 지방의 재정 자주성도 취약한 상태이다.

문재인 대통령은 지방정부의 재정 운영 여력을 강화하기 위하여 당시 78:22인 국세와 지방세 비중을 7:3으로 개편하고 지자체 간 재정 격차도 완화하기로 방침을 세웠다. 이는 중앙정부 입장에서는 자신의 세입을 축소하는 일이었음에도, 문 대통령은 지방자치를 위한 재정개혁 취지에서 단행하였다. 이를 위하여 지방소비세율을 11%에서 단계적으로 현재의 25.3%까지 인상하였고, 국세와 지방세 비중도 74:26 정도로 개선하였다.

셋째, 풀뿌리 주민자치 강화에 적극 나섰다. 전국 읍면동에서 주민대표기구로 주민자치위원회가 구성되고, 주민투표제와 주민소환제 등 주민 견제 제도도 존재하나 실제 주민자치는 미흡한 게 현실이었다. 이에 문 대통령은 풀뿌리 자치제도를 보완하고 주민자치 역량도 강화하는 개혁에 나섰다. 우선 읍면동의 자문기구인 주민자치위원회 대신 주민들의 사업 권한을 가지는 주민자치회를 확대하였다. 문재인 정부 출범 당시 47개였던 주민자치회가 2021년에는 약 1천개로 20배 증가하였다. 읍면동의 역할도 확대하였다. 기존 행정 중심에서 보건복지 서비스를 확대하고, 유휴공간의 자치

2017년 문재인 대통령이 안동 하회마을을 방문하여
주민들과 함께 하회별신굿탈놀이 공연을 관람하고 있다.

(사진: 대통령 기록관)

공간으로 전환, 마을계획 수립 등 실제 주민이 일상생활에 미치는 역할을 늘려 나갔다.

헌법개정안,
지방분권국가를 선언하다

넷째, 지방분권형 개헌을 시도하였다. 문대통령이 마련한 헌법 개정안은 대한민국이 지방분권국가임을 선언한다. 즉, 헌법 제1조 "① 대한민국은 민주공화국이다. ② 대한민국의 주권은 국민에게 있고, 모든 권력은 국민으로부터 나온다."에 이어 3항으로 "대한민국은 지방분권국가를 지향한다"를 추가하였다. 또한 중앙과 지방이 종속적 관계가 아니라 수평적 지위라는 점이 드러나도록 '지방자치단체'를 '지방정부'로 명칭을 바꾼다. 특히 자치재정권을 보장하기 위하여 지방정부가 자치세의 종목과 세율, 징수 방법 등에 관한 조례를 정할 수 있는 '지방세 조례주의'를 도입한다.

비록 헌법개정안이 국회에서 의결정족수 미달로 폐기되었지만, 1987년 헌법 이후 30년 만에 대통령이 발의한 헌법 개정안이었다. 또한 중앙집권형 국가구조를 연방제 수준의 자치분권으로 대전환하는 내용을 담았다는 점에서 그 의미는 무척 크다.이처럼 문재인

2017년, 문재인 대통령이
제5회 대한민국 지방자치박람회를 관람하고 있다.

(사진: 대통령 기록관)

정부는 촛불혁명으로 탄생한 시민의 정부답게 국가운영체계에서 '자치분권', '풀뿌리 자치'를 추진하였다. 헌법을 개정하려 하였고, 중앙정부 권한 이양, 지방세입 강화, 주민자치 확대 등 성과도 이루었다.

이루지 못한 과제, 지방분권 개헌과 주민자치회 법제화

하지만 여전히 미흡한 점도 존재한다. 지금 우리에게 주어진 숙제들이다. 근본적으로는 중앙집권적 국가 운영체계를 담고 있는 현행 헌법의 개정이 필요하다. 어느 때보다 지역사회 자치, 풀뿌리 공동체가 강조되고 있는 시대인만큼 지방분권을 강화하는 대한민국 사회계약서가 다시 쓰일 필요가 있다. 이재명 대통령이 지방분권형 개헌을 공언하고 있으므로 조만간 성과가 나오기를 바란다. 주민자치회 법제화도 문재인 정부가 풀지 못한 과제이다. 문재인 정부가 주민자치회의 법적 지위를 지방자치법에 명시하고 역할을 강화하는 '주민자치회 법제화'를 시도하였으나 이루지 못하였다. 다행히 현재 이러한 취지를 담은 지방자치법 개정안이 국회 본회의 심의만을 앞두고 있다, 많은 지방자치 활동가들이 국회 앞에서 법안 통과를 요구하면 염원하는 법 개정이다.

재정분권,
지방교부세율을 인상해야

사실 현실적으로 어려운 숙제가 재정분권이다. 이를 위해서는 지자체가 거두는 지방세가 늘어야 한다. 문재인 정부가 지방소비세율을 인상하여 전체 세입에서 지방세 비중을 다소 높였으나 아직도 7:3에 이르지 못하고 있고, 최종 목표로 삼았던 6:4에는 한참 동떨어져 있다. 무엇보다 지방세입에 결정적 영향을 미치는 지방교부세율이 오르지 못하고 있기 때문이다. 지방교부세는 중앙정부가 거둔 내국세의 일정비율을 지자체에 나눠주는 재원이다. 지방에 교부할 때 지자체의 재정력을 감안하여 하후상박으로 제공하여 재정 격차도 개선하고, 지자체가 재량으로 사용할 수 있는 자주재원이라는 점에서 무척 바람직한 돈이다.

2000년대 들어 복지 제도가 확대되면서 지방정부의 복지 매칭 예산도 늘어나 지자체마다 재정 압박에 시달리고 있다. 이를 해소하는 핵심 방안이 바로 지방교부세율 인상인데, 지방세교부세율은 아직도 19.24%, 2006년 그대로이다. 지방교부세는 내국세에 일정 비율을 차지하기에 세율 인상은 중앙정부 세입의 감소를 의미한다. 지금까지 중앙정부가 지방교부세율 인상에 소극적인 이유이다. 이제 지방화는 시대적 흐름이다. 지방교부세율 인상은 지방 재정여력을 보강하면서 지자체 재정 격차도 개선하기에 지자체의 자치 사업을 활성화하는 핵심 기반이다.

이재명의 자치

자치단체에서 지방정부로, 진짜 자치를 꿈꾸다

이재명 대통령은 성남시장 시기에 지방자치단체의 혁신 모델을 만들고 직접 '지방자치'를 실천한 정치인이다. 성남시장, 경기도지사, 대통령으로 이어지는 기간 내내 지방분권을 강조했고, 대통령이 되어서는 국토균형발전을 적극 추진하고 있다. 김대중 대통령이 부활시킨 지방자치를 완성하는 시대적 과제를 이 대통령이 이어서 수행하고 있는 것이다.

지방자치는
민주주의 실천학교

이재명 대통령의 정치적 출발은 성남시장 활동이다. 그만큼 지방자치에 대한 애착이 강하다. 그는 2025년 11월 지자체 단체장과의 간담회에서 "성남시장 시절 주민과 직접 소통하고 주권 의지를 행정에 반영할 때 가장 행복하고 살아있음을 느꼈다."고 말했다. 중앙지방협력회의에서는 "지방자치는 민주주의의 초등학교다. 민주주의를 체험하는 소중한 제도이며, 민주주의를 실천하는 학교다."라고 역설했다. 늘 시민을 '주권자'라고 부르듯이, 지역에서 주민들과 함께 시정을 펼쳐온 경험에서 우러나온 말이다.

이재명 대통령에게 성남시장 시절은 지방자치 실험의 출발점이었다. 2010년 이후 전국적으로 복지 바람이 불자, 그는 성남시 자체 사업으로 청년배당, 무상교복, 공공산후조리원의 3대 무상복지 정책을 단행한다. 지자체들이 모두 예산 제약을 겪고 있음에도, 이재명 시장은 자체 예산으로 복지 확대에 적극 나섰다. 이재명 시장은 보편적 복지가 시민의 권리로 자리 잡아야 한다는 신념을 가지고 있었기에, 성남시 무상복지에 제동을 걸려는 중앙정부에 맞서 단식투쟁을 벌이는 뚝심도 보여주었다.

2019년 5월, 당시 이재명 경기도지사가
수원역 앞에서 열린 경기도 청년기본소득 락(樂) 페스티벌에서
청년들과 이야기를 나누고 기념촬영을 하고 있다.

(사진: 경기도 멀티미디어자료)

이재명 대통령의 혁신적 지방자치는 경기도지사 시절에도 이어진다. 우선 성남시 청년기본소득을 경기도 전체로 확대 시행하였다. 모두에게 제공하는 전 국민 기본소득은 다른 현금복지와의 관계 설정으로 논란이 많지만, 청년, 예술인, 농어민 대상의 범주적 기본소득은 이미 사회적 동의를 얻고 있는 상황이다. 경기지역 소상공인 매출 증대, 지역경제 선순환을 위한 경기지역화폐(경기페이)도 지역경제 활성화 모델로 자리 잡았고, 코로나19를 맞아 재난지원금의 보편/선별 논란이 진행될 때 이재명 도시자는 경기도에 보편적 재난기본소득을 지급하는 적극적 조치를 취하였다.

당시 다른 지역과의 지급 방식 차이를 지적하는 질문에 대해 이재명 도지사는 "그게 지방자치 하는 이유"라는 자치의 중요성을 강조했다. 이재명 대통령이 지자체 단체장 시절 추진한 보편복지 정책은 이후 '기본소득'으로 정립되어 정치인 이재명의 상징 정책이 되었고, 대통령이 되어서는 '기본사회'로 이어지고 있다.

지방분권형 개헌

이재명 대통령은 지방분권에 대한 강력한 의지를 가지고 있고, 문재인 정부에 이어 지방분권형 개헌을 추진하고 있다. 이 대통령

2025년 9월, 이재명 대통령이 세종시 청년 농업 현장을 방문하여
'청년들의 기회와 희망'을 주제로 이야기를 나누고 있다.

(사진: 청와대 사진자료실)

은 2025년 대선 공약으로 자치분권 개헌을 약속했고, 당선 이후 발표한 국정과제에서 1번으로 '진짜 대한민국'을 위한 헌법 개정을 내걸었다.

개헌의 주요 의제는 국민주권의 헌법정신을 구현하는 조항 강화와 함께 지방분권을 강화하는 내용이 담길 예정이다. 이 대통령의 발언과 국정과제를 보면, 헌법상 기구로 '국가자치분권회의'를 설치하고, 지방자치단체를 지방정부로 개명하며, 지방정부에 폭넓은 자치입법권을 보장하고 지방의회법도 제정한다. 또한 지방정부의 권한 확대를 위해 중앙정부 사무의 제3차 일괄이양을 추진하고, 주민자치회 법제화, 주민 선택 읍면동장 임용제 등 주민자치권 확대 내용도 담길 전망이다. 비록 문재인 정부에서는 성사되지 않았지만, 이재명 정부에서 지방분권형 개헌이 완료되어 지방자치를 위한 제도적 기반이 단단해지기를 바란다.

지방재정 7:3을 향해

이재명 정부는 국세 지방세 비중을 7:3으로 개선하고 장기적으로 6:4를 지향하며 이를 위해서 지방교부세율을 상향하고 지방세입을 확충하겠다고 말한다. 국세와 지방세 7:3은 문재인 정부가 삼았던 목표인데 77:23 수준까지 도달하였다가 지금은 75:25로 낮아진 상태이다. 다시 이재명 정부는 문재인 정부가 설정했던 7:3을 목표로 설정한 것이다. 또한 이대통령은 지방재정 운용의 책임성과 투명성을 강조한다. 모든 지자체의 재정 현황을 담은 지방재정 홈페이지를 고도화하고 지방보조금관리시스템도 강화한다. 이재명 대통령이 지자체 단체장을 경험하여 지방예산의 시스템을 잘 알기에 지방재정에서도 실질적이고 실용적인 개혁이 진행될 수 있는 것이다.

통합돌봄 시대,
사회연대경제를 구축하라

이재명 대통령은 지역사회 순환경제를 활성화하고 지역공동체를 형성하는 기본 토대로 사회연대경제에 주목한다. 성남시장 재임 시절에 사회적경제를 활성화하였던 경험을 살린 지역사회 발전 전략이다. 이대통령은 조속히 사회연대기본법을 제정하고 사회연대경제조직에 대한 금융지원을 위해 사회연대금융, 지역재투자제도도 강화하겠다는 계획을 밝혔다. 사회연대조직의 성장을 이하여 공공부문 우선구매를 촉진하고 국공유재산에 대한 임차료 인하도 추진한다. 실제로 이재명 정부는 2025년 11월에 사회연대경제를 국가 핵심 정책으로 격상하여 행정안전부에 사회연대경제국을 신설하였다.

사회연대경제는 올해 3월 전국적으로 시행되는 지역사회 통합돌봄에서도 핵심 토대이다. 통합돌봄은 지역사회에서 상업적 이해를 떠나 협력의 가치를 추구하는 상호 의존망을 필요로 한다. 이를 위해서는 돌봄행정 서비스를 주관하는 지자체, 의료 및 복지기관, 주민자치회 등 기존 주체의 참여와 더불어 협동조합, 사회적기업, 마을기업, 자활기업 등 다양한 사회연대경제 조직들이 핵심 역할을 담당할 수 있어야 한다. 이미 경기도 광명시가 제정한 통합돌봄조례는 제1조 목적을 "돌봄의 사회화를 실현하기 위하여 사회적경제조직의 육성 및 참여에 필요한 사항을 규정"이라고 명시하였듯이, 사회연대경제는 지역순환경제와 함께 지역사회 통합돌봄의 성패를 가를 중요한 토대이다. 이재명 정부가 통합돌봄 전국 시행에 맞추어 사회연대경제를 본격 육성하는 것은 시기적으로도 적절하고 효과적인 조치이다.

주민자치 활성화,
읍면동장 주민선택제

이재명 대통령은 주민자치 활성화에도 본격 나선다. 현재 주민자치회는 [지방자치분권 및 지역균형발전에 관한 특별법]에 관련 조항을 가지고 있다. 여전히 주민자치회가 의무 설치가 아니라 임의 조직이며, 주민자치회 조직과 활동과 관련 구체성이 부족하고, 주민자치의 대표 조직임에도 특별법에 근거한다는 한계를 가지고 있다. 이에 주민자치 활동가들은 '진짜' 주민자치회 법제화를 요구해 왔다. 다행히, 2026년 1월 초 기준, 주민자치 활동가와 학계의 염원이었던 '주민자치회 법제화'가 국회 본회의 통과만 남겨 놓고 있다.

이재명 정부의 주민자치회 활성화 정책에서 주목할 제도는 '주민 선택 읍면동장 임용제'이다. 지금처럼 공무원 보직순환 방식으로 임명되는 읍면동장은 지역사회에 대한 이해 부족, 단기 임기에 따른 책임성과 지속성 한계 등으로 지역공동체 주역으로 역할하기 어렵다. 앞으로 공무원 중에서 읍면동장은 자원 공무원 중에서 임용하는 '공모제', 혹은 일정 자격을 갖춘 지역주민이 직접 읍변동장을 맡는 '개방제'를 적극 추진할 필요가 있다. 이때 모두 주민들로 구성된 읍면동장 추천위원회의 실질적인 추천권을 행사할 것이다.

읍면동자 주민추천제는 일부 시행착오를 겪더라도 풀뿌리 민주주의 훈련과정으로 이해될 수 있으며, 통합돌봄 시행, 사회연대경제 육성 등 지역공동체 형성을 도모하고 주민자치를 실현하는 원동력이 될 수 있다.

고양에서 진짜 자치, 담대한 꿈을 꾸자

아직 임기가 1년도 지나지 않은 시점이라, 이재명 정부의 자치를 평가하기는 이르다. 그럼에도 '빛의 혁명'을 일으킨 시민들이 세운 정부, 지방정부 혁신을 추동하였던 대통령이기에 이재명 정부에서 '자치 혁명'에 대한 기대가 크다. 이는 중앙정부과 대통령의 노력만으로 달성할 수 있는 미션이 아니다. 누구보다 자치를 구현하고 책임지고 누릴 우리 풀뿌리 시민들이 나서야 한다. 내가 사는 고양에서부터 '자치'의 새 발걸음을 만들어 가야 한다. 고양시 전역에서 사회연대경제망을 촘촘히 구축하고, 이웃끼리 돌봄을 의존하는 '서로돌봄 고양마을'을 만들고, 우리가 사는 동네는 우리가 책임지는 '주민자치 공동체'를 형성해야 한다. 고양을 바꾸는 담대한 꿈을 함께 꾸자.

4장

자치,
다양하게 움트다

자치는 곳곳에서 움트고 있다. 자치에 참여하면서 생기는 갈등과 상처도 크지만, 그래도 꿋꿋하게 참여하는 주민들 덕분에 자치가 성장하고 있다. 다름을 존중하며, 대화하고 연대하는 사람들이 마을 마을마다 늘어나고 있다. 곳곳에서 움트고 있는 다양한 자치의 현장을 소개한다.

성동구 돌봄자치

주민의 생활자립을 지원하는 공공돌봄의 모델

서울시 성동구는 지방자치 혁신 행정의 모범 사례로 많이 알려진 곳이다. 성동구 중심에 있는 성수 공단지역은 1960년대 수제화, 봉제, 인쇄업 등 경공업 공단으로 발전하였으나 1990년대부터 쇠퇴의 길을 걷고 있었다. 하지만 2014년부터 '성동형 도시재생' 사업이 펼쳐지어 이제는 성수공단이 보존과 혁신의 관점에서 서울의 핫 플레이스로 탈바꿈하였다.

놀라운 변화이다. 성동구는 전국 최초로 젠트리피케이션 방지 조례를 제정하였고, 공장의 상징이었던 붉은 벽돌을 도시의 상징 경관으로 전환하여 '붉은벽돌 마을'을 만들었으며, 소셜벤처밸리를 조성해 지역산업 거점을 조성하였다. 성수지역 도시재생은 지방행정의 교과서로 평가받을 만하다.

전국 최초로 통합돌봄국을 신설하다

올해 3월부터 전국적으로 지역사회 통합돌봄이 시행된다. '지금 사는 곳에서 돌봄'을 누린다는 목표를 지닌 '지역사회 통합돌봄'은 중앙정부에서 2018년 기본계획이 입안되어 7년의 시범사업을 거친 끝에 마침내 이제 전국적으로 본격화되는 것이다. 빠른 초고령화를 맞아 거의 모든 가족들이 요양돌봄의 어려움을 겪고 있으며, 장애인을 위한 돌봄체계도 빈약하다. 이러한 현실에서 '지역사회 통합돌봄'은 앞으로 돌봄복지국가를 나아가는 중요한 마중물이다.

개인적으로 내가 성동구에 특별히 관심을 가지게 된 계기는 작년 9월 성동구에 '통합돌봄국'이 신설된다는 기사이다. 지자체마다 통합돌봄을 준비하느라 분주한데, 성동구가 서울시에서 최초로 이를 전담하는 별도의 국을 설립한 것이다.

나 역시 고양시가 노인 인구가 많은 도시이기에 마을 주민들이 서로를 돌보는 '서로돌봄마을'을 구상하고 있다. 이를 총괄 주관하는 컨트롤타워를 어떻게 만들까 검토하고 있던 참에, 성동구가 국 차원에서 담당조직을 신설한다는 소식을 알게 되었다.

성동구는 현재 복지정책과, 기초복지과, 성평등가족과, 아동청년과 등으로 구성된 복지국은 그대로 운영하면서, 통합돌봄 관련 업무를 맡은 통합돌봄과, 어르신복지과, 장애인복지과, 희망복지과를 모아 통합돌봄국을 별도로 설치한다. 지역사회 통합돌봄 사업을 전면적으로 추진하겠다는 성동구의 강한 의지가 보이는 조직 체계이다. 고양시는 올해 1월에 기존 복지정책과 산하에 통합돌봄 TF를 신설하는 수준으로 준비가 미흡한 상황인데, 성동구는 발 빠르게 준비하면서 주관 부서도 국으로 격상하는 진취적 행보를 보여준다.

유엔 공공행정상 받은 '효사랑 건강주치의'

성동구에서는 이미 통합돌봄이 구체적 사업으로 진행되고 있다. 바로 '효사랑 건강주치의' 사업이다. 이 사업은 75세 이상 노인의 가정을 의사, 간호사, 사회복지사가 직접 방문하여 건강을 관리해 주는 의료복지서비스이다. 이를 뒷받침하기 위하여 '서울특별시 성동구 효사랑건강주치의 사업의 운영에 관한 조례'도 제정되어 있다.

노인의 건강 관리에서 가정 방문은 진료 이상의 의미를 가지고 있다. 환자가 병원을 찾으면 자신의 아픈 곳만을 의사에게 이야기하고 의사는 이에 대한 처방을 내리지만, 의사가 환자 가정을 방문하면 그가 사는 생활환경을 그대로 관찰할 수 있다. 주거 공간이 건강에 적합한지, 수 많은 의약품들이 제대로 관리되고 있는지, 음식물 관리는 안전하게 이루어지고 있는지 등 환자의 건강에 미치는 전체 항목들을 점검할 수 있다.

현재 우리나라에서 방문진료는 시범사업 수준에서 제한적으로만 이루어지고 있는데, 지역사회 통합돌봄은 방문진료를 가능케 하는 중요한 발판이 될 것이다. 성동구는 2017년부터 전국 최초로 지자체 차원에서 거동이 불편해 병원 방문이 어려운 노인의 의료 사각지대 해소를 위해 '효사랑 건강주치의' 사업을 시작하였다. 이 사업은 노인의 질환에 대한 진료뿐만 아니라 생활에 기반한 대화를 통한 치매, 우울 등 진단과 예방 관리, 노인의 경제적 형편과 연계한 의료비 지원 연계, 노인의 생활환경 개선을 위한 주거 지원 연계

성동구 '효사랑 재택의료센터' 재택의료 전담팀이
어르신 집을 방문 진료하고 있다.

(사진: 성동구 보도자료)

등이 진행된다.

2020년 성동구의 '효사랑 건강주치의' 사업은 행정 분야에서 노벨상으로 불리는 '유엔 공공행정상'을 수상하였다. 유엔은 공공행정상을 수여하면서, 기다리는 행정이 아니라 '찾아가는 행정'을 통해 사회적약자의 지역사회 돌봄을 구현한 점을 높이 평가했다.

장애인, 노인, 1인 가구, 필수노동자를 위한 성동돌봄

성동구에는 돌봄 관련 주목할 사업들이 또 있다. 첫째, 장애인 돌봄과 일자리 결합이다. 성동구는 관내 지역 카페에서 버려지는 커피찌꺼기(커피박)을 수거해 화분이나 벽돌 등으로 재자원화하는데, 이 과정에서 장애인을 고용한다. '일자리가 곧 복지이자 돌봄'이라는 취지에서 재활용과 장애인 고용의 선순환을 도모한다.

둘째, 돌봄 노동자를 '필수 노동자'로 명명하고 지원한다. 성동구는 코로나19를 맞아 시민의 일상생활 유지를 위해 대면 돌봄을 수행하였던 요양보호사, 보육교사, 배달 노동자 등을 지원하기 위하여 2020년 "서울특별시 성동구 필수업무 종사자 보호 및 지원에 관한 조례"를 제정하였다. 이를 근거로 필수노동자 작업환경 실태 조사, 안전한 개인보호구 제공, 배달 및 이동노동자를 위한 전용 쉼터 등이 이루어졌고, 이를 이어 2021년 국회에서 「필수업무 종사자 보호 및 지원에 관한 법률」이 제정되었다.

셋째, 급증하는 고독사와 생활 불편을 해결하는 1인 가구 돌봄 사업인 '성동 안심동행'과 '든든식당' 사업이다. 전자는 혼자 거주하는 노인이나 청년이 병원에 가야 할 때 안심하고 갈 수 있도록 동행해 주는 서비스이고, 후자는 취약계층 1인 가구에 건강한 식사를 제공하는 1인가구와 지역식당 연계 사업이다. 이는 식사 제공뿐만 아니라 안부를 확인하는 지역 이웃망 사업이기도 하다.

넷째, 낙상방지 홈케어 사업도 인상적이다. 노인이 자신이 사는 곳에서 돌봄을 받더라도 흔히 집에서 발생하는 사고가 낙상이다. 낙상은 적극적으로 사전에 대비하며 예방 가능한 생활 위험이다. 성동구는 저소득 노인을 대상으로 안전 손잡이, 미끄럼방지 매트 등 안전용품을 제공하고, 문턱과 출입문 교체, 부엌시설 개선 등 집수리도 도와준다. 이 사업은 낙상 방지와 함께 정기적으로 집을 방문하여 주택을 관리해 주고, 노인의 안부도 확인할 수 있다는 점에서 주거와 돌봄이 결합된 프로그램이다.

성동구는 장마 시기 침수지역 취약가구를 지원하는
'침수취약가구 돌봄대'를 운영한다.

(사진: 성동구 보도자료)

성동구 돌봄사업은 장애인, 노인, 1인 가구, 필수노동자 등 사회적 지원이 필요한 주민들을 지역사회가 돌보는 프로그램이다. 모두 자기가 사는 곳에서 돌봄을 받으며 이웃과 함께 지낸다. 우리가 올해 3월부터 전국적으로 시행하려는 '지역사회 통합돌봄'의 혁신적 사례라고 평가할 수 있다. 앞으로 중앙정부의 재정 지원이 더해지고, 지역사회 돌봄협의가 체계화되면, 현재 자리잡은 성동구의 돌봄사업이 더욱 발전할 것이라 기대된다.

돌봄의 순환, 서로돌봄 고양마을을 꿈꾸며

내가 사는 고양시에서도 지역사회 통합돌봄은 중요한 과제이다. 나는 돌봄의 패러다임이 '수혜'에서 '서로돌봄'으로 전환해야 한다고 생각한다. 누구든 숨이 멈출 때까지 생명체로서 자발적 삶을 영위해야 하며, 이를 위해서는 생활터전인 마을에서 서로 지지하고 돌볼 수 있어야 한다. 이는 반세기 이상 산업화, 도시화, 개인화로 인해 사실상 와해된 지역공동체를 복원하는 일이기도 하다.

나는 지역사회 통합돌봄을 계기로 고양시에서 이웃이 있는 마을공동체가 회복되는 꿈을 가지고 있다. 우선 아파트 단지마다 존재하는 경로당을 마을 돌봄공간으로 확장 전환하는 것이다. 고양형 돌봄수당 신설, 거주지 중심 사회연대경제 활성화 등도 구상하고 있다. 이를 위하여 행정과 지역사회가 통합돌봄을 기획 주관하는 '고양시 서로돌봄단'을 설립하고 44개 동에 있는 주민자치회를 중심으로 '서로돌봄 마을회의'를 운영하고자 한다. 앞으로 성동구를 비롯하여 선진 사례들을 배우고 교류하며 고양시도 '사는 곳에서 돌봄'을 구현하는 마을로 전환되기를 바란다.

은평구 살림의료복지사협 살림자치

의료와 돌봄,
사람을 연결하는 살림 공동체

"우리는 건강할 때 건강을 지키고 아플 때 기꺼이 돌봄을 주고 받으며 삶과 죽음이 존엄할 수 있는 평등, 평화, 협동의 건강한 마을 공동체를 만들어 가기 위해 모였습니다."

서울 은평구에 있는 살림의료복지사회적협동조합(이하 살림의료복지사협)이 2020년 대의원대회에서 발표한 선포문의 첫 번째 문장이다. 살림의료복지사협은 한국에서 협동조합 운동을 하는 활동가뿐만 아니라 인근 시민들에게도 잘 알려진 지역공동체이다. 은평구는 고양시와 바로 접한 동네여서 고양시 시민 중에도 살림의료복지사협 조합원들이 약 400명이나 있다.

은평의 지역공동체, 살림의료복지사협

살림의료복지사협은 2012년 2월 태어났으니 어느새 14살이다. 창립총회 때 348명이었던 조합원은 2025년 5천 명을 돌파했다. 살림의료복지사협은 가정의학과, 정신건강의학과, 부인과, 치과, 한의원을 운영한다. 의료진이 직접 집으로 방문하는 재택의료와 가정간호 서비스를 제공하고 있고, 이와 연계하여 살림데이케어센터와 방문요양도 운영한다.

주민과 조합원들이 참여하는 통합돌봄도 알차다. 건강거점 공간으로 '다짐'이 있고 돌봄이 필요한 사람과 보호자가 쉬어가는 서로돌봄카페도 인상적이다. 지역주민들이 노인 가정을 방문해 건강체조도 하고 말동무도 되는 '살림건강이웃' 사업은 주민들이 서로 돌보며 관계를 형성하는 활동이다.

조합원들이 참여하는 모임도 많다. 6개 동에 지역모임이 있고, 뜨개질, 반찬 만들기, 불광천 걷기 등 취미 모임이 20개에 달한다. 남성들의 여성주의 독서모임 '그런사람', 돌봄 분야 책 읽기 '벽돌깨기' 등 독서모임 8개, 그리고 운동모임 15개가 운영되고 있다. 그야말로 살림의료복지사협은 주민들이 서로 어울려 사는 공동체이다. 살림의료복지사협 10주년 동영상에서 한 조합원이 말한다. "저도

모르게, 우리 동네, 이런 말을 쓰는 저를 발견한다"고. 서울 은평에서 마을이 만들어지고 있다.

5,047명 조합원 중 2,643명 프로그램 참여

여러 조합원 모임에서 확인되듯이, 살림의료복지사협 조합원들의 참여도는 무척이나 높다. 과연 어느 정도일까? 2025년 9월 한 달, 살림의료복지사협은 전체 조합원 5,047명을 대상으로 건강돌봄 총조사를 실시하였다.

의료건강, 돌봄, 조합원 소통 등 살림의료복지사협의 전체 활동에 대해 조합원의 의견과 평가를 묻는 심층 조사이다. 조사 방식도 조합원 참여를 기반으로 진행되었다. 조합원 중 조사 활동을 담당할 361명의 조사단이 선발되어 기본 교육을 받고, 이 분들이 조사원이 되어 조합원들에게 전화를 해서 조사를 수행하였다. 조사 결과도 놀랍다. 무려 2,643명, 전체 조합원의 52.4%가 참여하였다. 조합원들이 단순히 조합이 제공하는 서비스를 누리는 것을 넘어서 함께 조합을 만들어 간다는 책임의식이 만들어낸 성과이다.

살림의료복지사협의 데이케어센터와 살림한의원 건물.
살림의료복지사협은 의료, 돌봄, 자치가 결합된
자발적 주체적 조직이다.

(사진: 성동구 보도자료)

“기계가 아니라 관계로 건강해집니다”

살림의료복지사협의 궁극적 목표는 ‘관계’이다. 추진하는 사업마다 주민 만남을 도모한다. 대표적 사업으로 조합원들의 협동운동 공간인 ‘다짐’과 살림의료복지사협 방식의 노인일자리 사업인 ‘살림건강이웃’이 인상적이다. ‘다짐’은 조합원들이 함께 협동으로 운동하며 관계를 형성하는 건강거점 사업이다. 이곳에서는 근력운동, 스트레칭, 태극권 등 조합원들이 자발적으로 모여 개설하는 운동모임(8개)이 있고, 요가, 재활 등 전문 강사를 모시고 진행하는 건강프로그램(5개)도 개설되어 있으며, 다양한 특별 강좌와 교육도 진행한다. ‘다짐’은 여러 운동 안내 동영상도 제작하여 조합원들과 주민들에게 제공한다.

“기계가 아니라 관계로 건강해집니다”. 살림의료복지사협 공간 벽에 쓰여진 글이다. 건강거점 ‘다짐’의 지향을 보여주는 문구로 살림의료복지사협이 추구하는 돌봄과 건강이 궁극적으로 ‘관계’임을 말해준다. 이처럼 ‘다짐’은 운동을 매개로 만남을 중시한다. ‘다짐’의 운영, 경영, 공간 관리는 모두 조합원으로 구성된 다짐자치회가 주관한다. 당연히 운동기구 정리, 바닥 청소, 냉낭반기 청소, 휴지통 비우기, 대청소 등도 모두 조합원 몫이다. 이를 통해 건강 돌봄을 이루면서 이웃들의 관계를 형성하고, 나아가 민주적 의사결정 훈련도 체득한다.

살림의료복지사협이 주관하는 '살림건강이웃'도 초고령사회 노인 일자리 사업의 창의적 모델이다. 어떻게 노인들의 노쇠를 늦추고, 자신의 집에 머무는 독거노인을 어떻게 지역사회와 연결할까? 이 사업을 기획하게 된 질문이다. 이 사업은 정부가 시행하는 노인일자리인데, 60세 이상 장노년층이 일자리 참여자로서 지역의 노인 가정을 방문하여 건강을 점검하고 함께 운동한다. 즉, 노인일자리 사업이면서 지역 돌봄사업이고, 이를 통해 '관계 형성'을 이룬다.

사업의 참여자는 말한다. "이 활동은 어르신과 운동을 하면서 서로의 삶을 나누는 과정이다.노인들이 자신의 집을 방문한 타인에게 문을 연다는 것 자체가 기적이다."라고. 노인의 집을 방문하며 그의 여러 상황을 이해하고 공감한다. 건강에 문제가 있다고 판단되면 살림의원으로 모시고 가 진료를 받도록 한다. 노인일자리, 돌봄, 의료가 자연스럽게 연결되는 활동체계이다.

살림건강이웃 사업은 참여자 노인에게도 중요한 의미를 지닌다. 보통 노인일자리 사업이 단순하고 의례적인 활동에 그쳐 참여자에게도 자신의 역할에 대한 만족을 주지 못하는 경우가 많다. 반면

살림의료복지사협 조합원들이
'흰머리 휘날리며' 프로그램에 참여하여
근육운동을 하고 있다.

(사진: 살림의료복지사협 제공)

살림건강이웃에 참여하는 사람들은 자신이 이웃 노인을 실질적으로 도와줄 수 있다는 데에 자부심을 느끼며, 나아가 노인과 인간적 유대감을 형성하며 지역 이웃도 사귀게 된다. 이 활동은 초고령사회에서 은퇴자들이 지역사회에서 역할을 수행하는 '참여활동, 참여수당' 제도로 확장할 수 있을 것이다.

의료와 돌봄의 통합을 구현하다

살림의료복지사협의 돌봄 사업이 지닌 특징은 의료와 돌봄의 통합이다. 문재인 정부에서 시범사업으로 시작된 지역사회 통합돌봄은 '사는 곳에서의 돌봄'이 핵심이다. 하지만 시범사업에서 의사의 역할은 퇴원계획 수립, 제한적인 방문진료에 한정되었다. 돌봄에서 통합되어야 할 보건과 복지가 여전히 분리된 채 시행된 것이다. 이러한 구조에서는 노인이나 장애인이 필요에 따라 적절한 통합돌봄을 받기 어려워진다. 이는 올해부터 전국적으로 시작되는 통합돌봄이 이루어야 할 과제이기도 하다. 이러한 문제의식에서 보면, 살림의료복지사협은 일찍이 의료서비스와 지역사회 돌봄을 결합하였다.

살림의료복지사협에서 의료기관은 단순히 진료서비스만 펼치는 곳이 아니다. 거동이 불편한 환자를 정기 방문하는 재택의료와 가정간호, 일상생활에서 돌봄을 지원하는 방문요양, 주간보호 프로그램을 제공하는 데이케어센터와 함께 움직인다. 또한 병원에서 퇴원 후에 바로 가정으로 복귀하기 어려운 사람들에게 임시 거주 공간(케어B&B 사업)을 제공하고, 치매안심마을교육, 은평서로돌봄공간, 서로돌봄카페 등 조합원들이 서로 돌보는 네트워크도 운영되고 있다. 살림의료복지사협 안에서는 의료와 돌봄이 하나의 체계에서 작동하고 있는 것이다.

애초 '살림'이라는 이름이 말해주듯이, 살림의료복지사협은 사람들의 살림살이를 서로 챙기는 목표를 지닌 조합이다. 처음에는 의료로 출발했지만 점차 지역 조합원들이 늘어나면서 돌봄으로 사업이 확장하였다. 중앙정부조차 아직 제대로 설계하지 못하는 통합돌봄을 지역사회에서 살림의료복지사협 조합원들이 선도적으로 이루고 있다.

돌봄에서 자치를 이루는 지역공동체

나는 살림의료복지사협 돌봄에서 '진짜' 자치를 본다. 자치는 민주주의와 공동체를 형성하는 시민의 활동이다. 살림의료복지사협은 조합원 스스로 의사결정하고 책임지는 민주적인 운영체제를 가지고 있다. 살림의료복지사협의 조직도는 맨 아래 회원이 있고 위에 집행기구가 있는 기존의 체계도 대신 왼쪽 조합원에서 시작하여 오른쪽 조합원으로 마무리되는 수평적 의사결정체체를 보여준다. 조합원들의 건강, 문화 공간인 '다짐'은 참여자들이 다짐자치회를 구성하여 회계와 관리까지 모두 책임진다. 노인일자리 사업인 '살림건강이웃'의 참여자들은 매주 팀별 회의를 통해 자신의 사례 경험을 공유하고 함께 활동을 기획한다. 모두 살림의료복지사협에서 아래로부터 주민들의 민주주의가 구현되고 있음을 보여주는 모습이다.

이러한 활동을 통해 살림의료복지사협이 만들어 내는 열매는 '공동체'이다. 살림의료복지사협 안에서는 함께 이야기할 친구가 있고, 서로 배우고 의지하는 이웃이 있다. 혹 내가 아프고 거동이 힘들어도 이들이 나를 챙겨줄 것이라는 믿음이 싹트고 있다. 내가 그러한 돌봄을 받기 위해서는 나도 이웃을 돌봐야 한다는 책임의식도 생긴다. 이러한 사람들과 함께 어울릴 수 있으니 얼마나 좋은가? 어느새 내가 사는 지역 이름이 소중해졌다고 한다. 은평에는 사람들이 함께 살고 있다!

살림의료복지사협 지역공동체, 백세 장수시대에 우리 모두가 본보기로 삼을 모델이다. 내가 사는 고양시도 이웃 동네 은평처럼 변화하기 바란다.

정왕2동 생태자치

시화공단 공해 차단하는 숲 울타리 '산소 심는 마을'

지역사회에서 시흥시 정왕2동은 '주민자치'의 모델이다. 주민자치회 활동가들과 이야기를 나눌 때 자주 소개되는 주민자치회가 바로 이곳이다. 정왕2동 주민자치회는 2025년 '지방자치 30주년 기념 주민자치 우수사례 공모전'에서 대상을 받기도 했다.

정왕2동, 주민자치의 모델

정왕2동 주민들은 자신의 마을을 '정이 넘치는 동네'라는 의미에서 '정이마을'이라고 부른다. 정이마을은 1986년 조성된 시화산업단지의 배후 도시로 개발된 곳이다. 이 도시에는 정왕본동을 비롯하여 정왕1동, 2동, 3동, 4동이 있다. 이 중 정이마을은 인구가 약 3만 1천명인데, 23개 아파트단지와 900여 개 기업이 공존하는 복합기능 마을이다. 산업단지 특성을 반영하여 주민 중에서 외국인이 약 4천명으로 인구의 13%에 달한다.

산업단지의 배후도시로 존재하는 까닭에, 정이마을이 직면한 가장 중요한 주제는 환경이다. 수많은 공장에서 배출하는 공해 위험에 대응하여 어떻게 주민들이 안전하게 사는 마을을 만들 수 있을까? 보통 중앙정부나 지자체가 여러 방안을 마련하겠지만, 정이마을이 돋보이는 이유는 주민 스스로 마을의 약점을 지역공동체 형성의 계기로 전환시키면서 주민자치력을 형성하고 있다는 점이다.

정이마을을 바꾼
곰솔누리숲

정이마을에서 환경 대응을 상징하는 자원은 곰솔누리숲이다. 곰솔누리숲은 공단으로부터 유입되는 미세먼지 및 유해물질을 차단하기 위해 정왕동 동일생활권(정왕본동, 1, 2, 3, 4동)에 조성된 4km 길이의 마을숲이다. 이 숲 우측에는 공단, 좌측에는 주거지역

정왕2동 어린이들이
'삼소 심는 마을' 환경캠페인에 참여하고 있다.

(사진: 정왕2동 주민자치회)

이 있으니 마을의 중심을 관통한다.

곰솔누리숲은 단순한 완충녹지 공원을 넘어 주민들이 적극적으로 참여하고 관리하는 '공동체 교육과 쉼터 공간'이다. 주민들이 걷기 동아리를 결성하여 숲을 걸으면서 숲의 청결을 관리하고, 주민들이 직접 꽃도 심고 숲의 일부 구간을 관리한다. 숲속에 마을 정원을 가꾸는 셈이다. 이러한 마을숲은 생태학습장이기에 주민들이 숲 해설가 혹은 생태교육 강사로도 활동한다.

정이마을 주민활동에서 중추적 주체는 주민자치회이다. 주민자치회는 지역의 문제를 주민의 참여로 해결한다는 목표를 세우고 '산소 심는 마을' 활동을 주관하고 있다. 여기서 '산소'는 시화산업단지로 인한 공해 문제에 대응하는 환경생태 활동을 의미하고, '마을'은 주민들이 함께 어울려 만들어 내는 주체로서 공동체를 상징한다. 학생부터 어른들이 서로 협력하여 마을 주체로서 관계망을 형성하고 있다.

온 주민이 함께 만드는 '산소 심는 마을'

정이마을의 '산소 심는 마을' 활동은 교육에서부터 시작한다. 교육은 학교 안에서만 이루어지지 않는다. 학교도 학생도 모두 마을 안에서 살고 있다. 학교에서 배우는 것뿐만 아니라 학교 밖에서 배울 수 있는 것들도 있지 않을까. 정이마을 학생들은 마을의 환경문제를 인식하고 시민의 일원으로서 해결에 참여한다.

정이마을은 마을의 교육을 이야기하고 함께 만들어 가기 위하여 정왕2동 관내 5개 학교와 주민자치회, 학부모, 교사가 참여하는 '정이마을 교육자치회'를 구성하였다. 교육자치위원회의 역할은 관내 학교에서 환경분야 특화교육을 실시하는 일이다. 마을의 환경자원(곰솔누리숲, 시화산업단지)을 소재로 환경친화적 마을 분위기를 조성하기 위한 주민 주도 교육프로그램이다.

우선 시흥시 환경 공공기관인 시흥에코센터와 연계하여 학부모 환경활동가 양성과정을 운영하였다. 이 프로그램을 수료한 학부모들이 지역의 여러 환경활동에서 학습연구모임을 진행하고 보조강사로도 활동한다. 둘째, 정왕2동 관내에 자원순환가게인 '정이마을점'을 운영한다. 주민들이 재활용품을 수거하여 가져오면 시흥시 지역화폐와 종량제 봉투를 지급한다. 셋째, 시민들이 자신의 산소 심는 활동을 기록하는 탄소가계부를 운영한다. 정이마을이 만든 탄소가계부 사이트에 가입하면 투명페트병 따로 배출, 분리배출 등 자신의 탄소 감축량 수치를 확인하며 산소 소나무를 키우게 된다. 넷째, 관내 학교 교과과정에 환경교육 연계수업을 반영하였다. '환경포스터 그리기 수업', '우리 동네 대기 상태 탐구', '동네 하천 수질오염도 측정 및 기록' 등 수업을 통해 학생들이 자신이 사는 동네의 환경 실태를 몸으로 체험하게 한다.

또한 교육자치회는 산하에 학부모수다방, 청소년수다방, 마을활동가수다방을 설치하여 주체별로 활발한 모임을 갖고 사업 의제를 제안하고 실행한다. 예를 들어, 청소년들이 제안한 곰솔누리숲 산책로 배수로 조성이 사업으로 채택되어 산책로가 깔끔히 정비되었다. 이제 청소년들은 마을에서 보호를 받는 사람이 아니라 적극적으로 마을을 만드는 주체가 되었다는 자부심을 느끼며 이 길을 걸어간다. 또한 '청소년 진로진학 컨설팅', '작은 도서관 개관', '안전한 학교 등굣길' 등 여러 사업들이 실행되었다. 교육자치위원회에 참여하는 주민들은 '마을활동가'로서 정체성을 지니면서 마을 만들기 주체가 되고 직접 주민자치회 위원으로 나서기도 한다.

정이마을 주민자치회의 산소 심는 마을 활동은 정왕동의 골칫거리, 마을의 약점일 수 있는 시화공단 환경문제를 지역사회의 생태친화 인식을 높이고 지역공동체 형성의 기회로 삼은 사례이다. 이 과정에서 지역사회 학교, 학부모, 단체들이 함께 힘을 모으고, 실제 마을에서 산소를 심는 실천을 하면서, 주민이 마을의 주인이라는 주체성, 공동체성이 형성되고 있다.

마을 방송국 만들고
다양한 협업

정이마을 주민자회의 활동은 환경분야뿐만 아니라 마을만들기 전체 영역을 망라한다. 특히 마을미디어로 정이마을 방송국을 적극적으로 활용하고 있다. 이 방송국은 2020년 개국한 이래 정이마을의 소통거점으로 자리 잡았으며, 매년 미디어 활동가 양성학교도 운영한다. 주민들이 방송을 매개로 만나고 공부하고 제작하는 사랑방이 되었다. 마을에 있는 주민모임, 단체 등도 방송국을 이용해 자신의 활동을 소개하면서 주민들의 정이마을 구성원으로서 소속감을 갖게 하고 다양한 활동을 독려하는 역할도 한다. 정이방송국 유튜브에 들어가면 지역 전문 방송국 못지않게 음악, 이야기, 건강, 독서, 사람 등을 주제로 다양한 프로그램이 편성된다.

특히 정이마을 방송국은 지역의 특성을 반영하여 프로그램을 기획한다. 예를 들어, 학생들이 직접 이주배경 청소년들의 마을 이야기를 모으고 방송프로그램으로 제작한다. 이주배경 청소년을 주제로 함께 대본과 프로그램을 기획하고 방송을 제작하면서 이주배경 동료들에 대한 이해를 높이고 공동체성도 공유하게 되는 것이다. 연말에 진행되는 '정이마을방송국 연말 시상식'도 독특하다. 마을의 송년을 함께하는 동네잔치로 주민들이 모두 한자리에 여서 즐겁게 어울려 논다.

주민자치회와 지자체의 협력

정이마을 자치 활동에서 배울 점은 주민자치회의 진취적 기획과 지자체의 협력이다. 정왕2동 주민자치회는 주민이 지역사회 현안에 함께 대응하여 공동체성을 형성하고 있다는 점에서 모범 사례이다. 여기서 주목할 점은, 주민자치회가 지역사회 여러 주민과 단체들과 협업을 추진하며 공동 주체로 커가고 있다는 점이다. '산소 심는 마을' 사업을 위해서도 동일 생활권에서 활동하는 여러 지역 주체들이 한자리에 모인다. '산소 심는 마을' 사업을 위해서 정왕권 4개 주민자치회, 7개 초중고등학교, 학부모회 등 3개 지역단체, 시흥에코센터 등 2개 유관기관이 민간학 실행협의체를 꾸리고 서로

정왕2동 주민자치회와 마을 주민들이
동네 환경을 가꾸는 일에 나섰다.

(사진: 정왕2동 주민자치회)

협업하고 연대한다.

지역사회 주민자치 활성화를 위해서는 지방정부의 협력이 중요하다는 점도 정이마을이 알려주는 교훈이다. 시흥시는 마을의 우선적 과제에 대하여 마을–학교–행정이 함께 대응하며 교육공동체로 만드는 혁신사업으로 '산소 심는마을' 사업을 추진하였다. 또한 주민자치회 활동 강화를 위하여 2명의 상근 채용직을 지원하고, 사무실, 방송국, 마을카페 등 활동 공간도 제공한다. 이렇게 지자체의 지원과 주민들의 적극적 실천이 결합되면서 공해 걱정이 큰 산업단지 배후도시에서 '마을 공동체'가 형성되고 있다. 김대중 대통령이 평생 추구했던 '풀뿌리 자치'와 '주민이 주인인 직접민주주의'의 정신을 교육과 주민자치에서 구현하고 있다.

행신2동 노동자치

고된 협업으로 만들고 가꾸는 연꽃밭 마을숲

고양시 행신2동은 한강 하구 행주산성 바로 옆에 있는 마을이다. 일산에 1기 신도시가 조성되면서 고양시 농촌 지역 곳곳이 아파트 단지로 개발됐는데, 행신 2동도 농촌지역에 들어선 아파트단지다. 행신역 차량기지를 기준으로 안쪽은 아파트 주거 단지, 바깥 한강 쪽은 농지가 있다. 행신동처럼 고양시는 아파트단지와 맞닿은 곳곳에 농지와 숲이 있다.

근래 행신2동은 행신역에 이어 새로운 동네 명소를 가지게 되었다. 바로 행신2동 주민자치회와 지역주민들이 함께 조성하고 운영하는 '행신 연꽃밭'이다. '행신 연꽃밭'은 한강으로 합류하는 창릉천 하류에 자리잡고 있다. 여름과 가을에는 연꽃과 연잎이 우아한 연못을 볼 수 있고, 겨울에는 '추억의 썰매장'으로 변신하는 재미난 연꽃 마을숲이다.

우아한 연꽃 울창한 창릉천변 새 명소

행신2동에서 한강 쪽에 걸쳐 있는 창릉천은 여름마다 범람한다. 그래서 천변은 오랫동안 외래식물, 갈대, 가시덩굴이 무성한 황무지로 방치되었다. 2016년, 고양시와 주민들은 서로 힘을 모아 외래식물을 제거하고 봄에는 유채, 가을에는 코스모스씨를 뿌려 유채 꽃밭, 코스모스 꽃밭을 만들었다. 요즘엔 이 꽃밭에서 꽃축제가 열린다.

행신2동 주민들은 연꽃도 심어보자는 아이디어를 냈다. 여름 장마마다 범람하는 이곳에 매번 씨앗을 새로 심는 대신 늘 뿌리를 내리고 자라면서 푸르름과 힐링을 줄 수 있는 수생식물을 키우자는 제안이다. 드디어 2022년 창릉천 변 1천여 평에 3개의 연꽃을 팠다. 주민들이 물을 대고, 연촉을 심고, 안전줄을 설치했다. 한 번도 키워본 적 없는 연꽃을 키워보자고 초보 농부들이 달려든 것이다.

주민들이 행신 연꽃밭에서
산책하고 사진을 찍는다.

(사진: 행신2동 주민자치회)

시행착오의 연속이었다. 물 대기가 서툴러 연못이 마르기도 하고, 녹조와 진딧물 공격에 연꽃들이 숨막혀 하기도 했다. 그럴 때마다 주민들은 연꽃 농부를 찾아 공부하며 하나씩 배우며 문제에 대응해 갔고 마침내 3년째부터는 연꽃이 만발했다. 멀리 고양시 시민들이 이제는 양평, 시흥, 부여에 가지 않고도 연꽃을 즐길 수 있게 됐다.

이 연꽃 활동의 중심에는 행신2동 주민자치회가 있다. 주민자치회는 매년 주민자치 보조사업으로 연꽃밭 활동을 펼쳤다. 이때 연꽃밭은 단순히 연꽃 농사에 그치지 않는다. 주민들과 같이 연잎을 따고 나누며, 또 함께 연잎차를 만든다. 경로당마다 방문하여 어르신들과 연꽃 반려식물을 키운다. 연 씨앗과 연잎차는 작은 봉투로 포장해 행사 때마다 주민들에게 제공한다.

가장 대표적인 사업은 연잎밥 만들기 체험이다. 주민자치회는 행신역, 동네공원, 동사무소 마당뿐만 아니라 인근 동네 주민총회, 마을축제에 가서 연잎밥 만들기 체험 활동을 벌인다. 미리 따서 보관한 연잎에, 직접 지은 찹쌀밥과 고명을 얹은 연잎밥은 꿀맛 건강식이다. 2025년에는 지역의 협동조합과 손잡고 역사문화사업에도 참여했다. 행주대첩 주먹밥을 21세기 행신 연잎밥으로 전환하는 일명 국가문화유산 계승사업이다.

겨울이 되면 연꽃밭은 썰매장으로 변한다. 주민들이 연 줄기를 모두 제거하고 물을 채워서 썰매장을 만들고 지역주민들에게 추억의 놀이터를 선사한다. 아이들은 여기서 썰매를 타고, 연도 날리고 팽이도 치고 제기도 찬다. 네이버에 '추억의 썰매장'을 검색하면 연꽃밭 썰매장을 만날 수 있다.

연꽃 마을숲,
공동체와 생태를 구현하다

행신2동 주민자치회 연꽃밭 사업은 2025년 경기도 주민자치 우수사례 대회에서 대상을 받았다. 연꽃밭을 가꾸고 썰매장을 만드는 일이 보통 일이 아닌데, 주민들이 동네를 위해 수고를 감수하며 협업하고 있었다. 주민자치 분야에서는 색다른 도전이었다. 특히 내가 주목하는 점은 행신 연꽃밭이 마을숲으로 자리잡고 있다는 점이다.

이제 4년째인 행신 연꽃밭에는 생태가 순환한다. 물고기도 살고 작은 도마뱀이 연잎 위에서 쉬고, 땅 아래에는 수많은 참게들이 다닌다. 2025년 봄에는 두꺼비 올챙이가 대량으로 자라는 것이 발견되었다. 연꽃밭 언저리에는 식물들이 만발하고 파릇한 봄나물들도 자란다. 연꽃밭에는 다양한 수생초가 함께 살고, 연꽃밭 둘레에는 하얀 데이지꽃이 줄지어 자란다.

마을숲은 '사람이 조성하거나 개입하여 지속적으로 보전해 온 숲'이다. 마을숲은 주민들에게 '뒷동산'처럼 일상생활과 밀착된 주민들의 친근한 공간이며 생활터이며 기후위기 시대 탄소를 저장하는 생태 공간이다. 산업화와 도시화로 점차 사라지는 마을숲을 지키고 복원하는 일이 절실한 때에, 행신2동 주민들이 창릉천 변에서 소중한 마을숲을 조성했다.

마을숲의 핵심 가치는 공동체와 생태이다. 행신 2동 주민자치회는 주민들과 함께 연꽃을 키우고 농사일과 수확물을 나눴다. 주민들이 협업해 만든 연꽃밭과 썰매장은 봄여름가을겨울 사계절 주민들의 힐링 쉼터가 되었다. 고양시 시민들이 찾는 명소가 되었고, 다른 주민자치회가 탐방하는 배움터로 자리잡았다. 연꽃을 매개로 지역사회 공동체가 형성되고 있었다.

또한 연꽃 마을숲은 지역주민들이 조성하고 관리하는 소중한 생태 공간이다. 기후위기 시대에 주민들이 자신이 사는 공간에서 만들어 내는 생태 실천이며 아이들은 물론 시민 모두를 위한 환경 교육장이다. 주민자치회는 연꽃밭에서 동물과 식물을 채취하여 '연꽃밭 생태 사전'을 준비하고 있고, 아이들이 직접 현장에서 배우는 생

여러 주민자치회들이 행신 연꽃밭을 탐방하며
주민자치 사례를 배우고 있다.

(사진: 행신2동 주민자치회)

태체험 프로그램도 기획하고 있다. 고양시민으로서 뿌듯함을 안겨 주는 고양 자치의 모델이다.

연꽃밭 만들고 썰매장 만들고, 고된 협업자치

행신 연꽃밭 마을숲에는 '주민자치'가 자라고 있다. 주민이 침수 지역에 수생식물을 키우자고 제안했고, 주민총회에서 주민들이 함께 연꽃밭을 만들자고 결정했다. 주민자치회는 수많은 시행착오를 경험했다. 고된 노동이 동반되는 쉽지 않은 프로그램이었다. 주민들은 하나 둘 뒷걸음치기도 했지만 서로 설득하며 다시 모여들었고 마침내 연꽃을 만발하게 키웠다. 단순히 농사에 그치지 않고 주민과 함께 키우고, 나누고, 누리는 공동체 활동으로 성장시켰다. 우리가 연꽃을 키웠다는 자부심, 우리 아이들이 내가 조성한 썰매장에서 놀고 있다는 행복감은 주민들이 고된 일을 견디는 힘이 된다. 연꽃 농사와 썰매장은 결코 몇몇이 이룰 수 있는 사업이 아니다. 연촉 심기부터 연잎 따기까지 모든 활동은 주민들이 함께 해야한다. 주민들의 '자치'가 행신2동의 연꽃 마을숲을 키우고 있었다

행신 연꽃 마을숲이 고양의 자치를 상징하는 고양의 마을숲으로

더 울창해지길 바란다. 지금은 행신2동 주민자치회가 연꽃 농사와 나눔 행사, 썰매장 운영을 온전히 주관한다. 한 지역의 주민자치회가 감당하기에는 버겁다. 예산도 불안정하다. 매년 고양시 주민자치 보조사업을 신청해 진행했다. 보다 안정적이고 지속가능한 체계로 자리잡을 필요가 있다. 행신 연꽃밭 주변은 이제 새롭게 재정비될 예정이다. 연꽃밭 1호~3호 중 2호를 가로지르는 강매 제2 배수펌프장 공사가 시작되고, 환경부의 통합정비사업에 따라 연꽃밭이 위치한 창릉천 중하류도 정비될 예정이다.

행신 연꽃밭에서 꿈꾸는 '창릉천국가정원'

연꽃밭 주변에는 창릉천이 흐르고 행주누리길이 있고 강매석교도 있다. 행신 연꽃밭은 생태와 역사가 함께 숨 쉬는 고양의 대표 마을숲으로 성장할 수 있다. 행신 연꽃밭을 창릉천 정비사업과 연결해 고양시 연꽃밭 단지로 확장했으면 한다. 창릉천은 북한산에서 발원해 고양의 6개 마을을 거쳐 한강으로 흐른다. 창릉천은 더없이 아름답고 소중한 자연자원이다. 이 소중한 하천이 더 아름다운 시민의 쉼터가 되기 위해서는 투자가 필요하다. 창릉천을 대한민국 국가정원으로 신청하고 창릉천 변 곳곳을 아름다운 정원 숲으로 만들자. 국가정원을 신청하려면 우선 경기도 지방정원이 되어야 한다. 행신 연꽃밭은 창릉천 국가정원을 신청하는데 귀한 자원이 될 수 있다. 창릉천 국가정원의 꿈이 이루어지면 행신 연꽃밭은 행신과 고양을 넘어 한국을 대표하는 창릉천 연꽃정원이 될 수 있다.

5장

자치,
고양정부를 꿈꾸다

정치의 궁극은 자치이다. 자치는 시민을 역동적 주체로 깨어나게 한다. 자치는 경제를, 교육을, 문화를 일으킨다. 과감하고 용기 있는 행정, 정의롭고 따뜻한 정책으로 지역경제를 살리고 주민 살림도 살려야 한다. 고양시장 출마를 준비하는 이유이자, 고양시장이 되면 실현하고자 하는 몇 가지 정책을 소개한다.

행정자치 제안

주민 1만명 참여하는 공론장 '고양만민공동회'

— CJ아레나 용도변경 등 지역 이익을 위한 협의 가능

시장이 되면 왜 다들 소통이 막힐까

인구 100만의 고양시를 이끌어 간다는 것은 쉬운 일이 아니다. 고양시장은 100만 시민과 소통해야 하는 막중한 자리다. 34년 동안 고양신문에서 일하며 여러 명의 시장을 가까이 보았다. 과거 고양시장들을 보면 학벌 업무능력 인품 소신 등등 여러 면에서 크게 부족함이 없었다. 신동영 시장은 친밀감이 탁월했고, 황교선 시장은 학벌이 대단했다. 박사학위만 3개다. 강현석 시장은 인품이 훌륭하다. 최성 시장은 친밀감이 높고 임기응변이 뛰어났다. 이재준

시장은 업무능력이 우수하다. 이동환 시장은 도시계획을 전공한 박사였다. 다들 한 가지 이상은 강점을 가지고 있었지만 부족한 점도 있었다. 소통이다. 소통을 안 하고, 못 한다. 시장이 되기 전에는 잘 못 느꼈는데, 일단 시장이 되고 나면 대화를 꺼리고 토론을 싫어한다. 중요한 의사결정을 할 때 주민의 생각을 묻지 않는다.

시장이 소통을 꺼리고 안 하면 중요한 기회를 놓친다. 행정력을 낭비하고 주민을 시위대로 만든다. 행정기관은 주민을 위한 공공서비스 기관이다. 주민은 행정이 결정하면 따르는 대상이 아니다. 주민은 정책 결정의 주체이다. 주민을 정책 결정의 주체로 세워야 하는 이유는 민주주의 원리를 넘어 모두의 이익이기 때문이다. 중요한 정책 결정을 시장이, 행정기관이 주도하면 난항에 빠진다. 주민은 고양시가 어떤 결정을 하는지 알 권리가 있고, 의견을 제시할 권리가 있다. 중요한 결정은 고양시민의 삶과 밀접하다. 법과 규정, 관례만 중요시하고 미래의 가능성을 내다보지 않으면 고양시 경제에 큰 영향을 미치는 중대한 사업을 놓칠 수 있다.

마곡 LG사이언스 단지도 고양에 유치할 수 있었다

사례를 들어보자. 지금 마곡에 있는 LG사이언스 단지는 고양에 들어올 수 있었다. LG 관계자들이 고양에 건립부지를 알아보고 사업허가를 받기 위해 애를 썼는데, 고양시에서 적극적으로 대처하지 못한 결과 마곡으로 사업부지를 옮겼다고 한다. 용도변경 토지가격 등등 여러 문제가 있을 수 있지만 고양시가 대기업 유치를 위해 파격적인 조건을 걸었다면 결과는 달랐을 것이다. 고양시 경제에 큰 활력을 얻을 수 있었다.

LG사업단지 유치를 위해 고양시가 특별한 혜택을 주는 것은 누가 결정할 수 있을까? 담당 공무원은 한계가 있다. 법이나 규정을 준수하고 다치지 않는 것이 대기업을 유치하는 것보다 중요할 수 있다. 그럼 시장이 할 수 있을까? 할 수 있다. 그러나 대부분의 시장들은 시장실만 들어가면 공무원이 된다. 지금까지의 고양시장은 그런 분들이 많았다. 고양시장이 특혜 시비를 두려워 하지 않는 방법은 딱 하나다. 주민에게 정보를 공개하고 토론하고 함께 결정하는 방법이다. 주민이 참여하고 주도하는 공론장에서 같이 결정하면 된다. 시장이 용기를 갖고 과감한 행정을 하기 위해서는 공론장을 의지해야 한다. 공론의 힘을 믿어야 한다.

10여 년 동안 갈등만 키우다 무산된 일산 아레나 K-컬처벨리도 마찬가지 사례다. 여러가지 이유가 있었지만 CJ가 사업을 포기한 결정적 이유는 사업성을 확보할 수 없었기 때문이다. 아레나 옆 호텔부지는 경기도가 30%를 다른 용도로 쓰도록 허용했다. 오피스텔 분양 등으로 사업성을 확보하고 호텔을 짓고, 아레나를 건립할 수 있도록 혜택을 준 것이다. 그러나 고양시는 이 혜택을 허가하느냐 마느냐 하는 문제로 시간을 끌었다. 윤석렬 정부가 들어서면서 감사원 감사로 30% 용도변경이 불허되고 CJ는 사업을 포기하게 된다. 한류천 문제, 지체보상금 문제 등등 여러 복잡한 문제들이 산적했지만 결정적 원인은 허가 지체와 사업성 상실에 있었다. 경기도가 아레나 K-컬처벨리사업을 주도하고, CJ를 대체하는 사업자가 아레나 운영에 참여하기로 했지만, 기업과 도시가 소비한 시간과 가능성은 큰 타격을 입었다. CJ 사업 포기 이후 고양신문 주최로 긴급토론회를 열었을 때, 대다수 주민들은 어떤 특혜를 주어서라도 CJ가 다시 사업을 할 수 있도록 해야 한다고 주장했다. 고양시가 더 일찍 토론회를 열어 CJ 용도변경 문제를 공론화시켰다면 고양시는 중대한 결정을 늦추지 않을 수 있었다.

이동환 시장 보여준 사례
'소통 안 하면 도시 후퇴한다'

이동환 시장 이야기를 안 할 수가 없다. 이동환 시장은 소통을 안 하고, 못 한다. 역대 시장 중 으뜸이다. 이동환 시장의 사례는 소통이 막히면 도시가 어떻게 후퇴하는지, 주민이 얼마나 힘들어지는지 절감하게 한다. 이동환 시장 4년 임기 내내 주민도 공무원도 시달렸던 고양시청사 부지 문제를 보자. 이동환 시장은 당선 이후 신년 기자회견에서 고양시청사를 백석으로 이전한다고 발표했다. 당시는 고양시청사 부지를 주교동으로 확정하고 국제설계공모까지 끝낸 상태였다. 이재준 시장은 시청사 건립을 위해 그린벨트 2만 평을 해제 받아 놓았다. 또 건립비용을 2천억 이상 적립해 두었으니 단단히 준비한 셈이다. 전임 시장이 수 년에 걸쳐 준비하고 법적 절차를 마친 시청사를 하루아침에 백석동으로 이전하겠다고 발표했다. 시청사건립단 공무원들도 기자회견을 듣고 이전 계획을 알게 됐다니 기가 막힐 노릇이다. 시청사 부지를 옮기려면 시의회 동의도 받아야 하고 주민의견도 청취해야 한다. 법적으로 그래야 한다. 결국 이동환 시장은 시청사 부지를 백석으로 이전하지 못했다. 4년이란 시간을 소비하면서 건축비는 크게 올랐고, 어렵게 푼 그린벨트는 다시 묶이게 됐다. 불통으로 인한 경제적 피해가 너무 크다. 행정력의 손실, 주민의 고충까지 더하면 피해는 이루 말할 수 없다. 용인 경전철은 경전철 결정 당시 시장이 사업성을 고려하지 못하고 추진했다는 이유로 수백억 원의 배상금을 물게 됐다. 고양시청사 건립지연은 경전철에 비교할 바 아니다. 판단을 잘 못한 것이 아니다. 법적, 행정적 절차를 무시함으로써 막대한 피해를 입혔다.

한국민주주의 공론장 모델
조선말 '만민공동회의'

소통이 막히면 성장이 멈춘다. 후퇴한다. 어떻게 하면 소통을 잘할 수 있을까. 너와 나의 소통이라면 둘이 잘 들어주면 된다. 100만 명의 시민이 소통하려면 제도가 필요하다. 공론장이다. 우리 역사에서도 훌륭한 공론장이 있었다. 조선말 만민공동회를 살펴보면 어깨가 으쓱해진다. 서구사회의 민주주의 공론장이 부럽지 않은 한국민주주의 공론장은 만민공동회의 역사에서 시작되지 않았을까. 신라 화랑의 만장일치 회의제도나 백성의 여론를 체계적으로 수렴했던 세종시대의 공론장도 훌륭했지만 만민공동회는 귀족이나 왕이 주도했던 공론장이 아니었다. 백성과 지식인층이 주도했던 만민의 공론장이었다. 백성 수만 명이 종로 파고다 광장을 가득 메운 채 정기적으로 나라와 시국을 위한 대토론회를 개최했다. 혼란

했던 시국을 극복하기 위한 정책이 공개됐고, 백정과 상인이 단상에 올라가 의견을 발표했다. 각각의 의견을 충분히 듣고 찬성과 반대를 표결했다. 광장 토론회를 통해 국가의 정책이 결정됐고, 고종에게 전달됐다. 고종은 이를 수렴했다. 간신들의 방해와 고종의 오판으로 공론장은 무산됐지만 만민공동회가 남긴 민주주의 공론장의 가치는 지금 우리사회에서도 실현하기 어려운 모델이다.

공론장의 힘 키우고 의지하면
용기있는 행정 가능

고양시민의 의견이 정책결정에 영향을 미치기 위해서는 만민공동회와 같은 회의 체계가 있어야 한다. 고양시민 100만 명의 1%, 1만 명이 의견을 낼 수 있는 회의구조를 만들면 어떨까. 핸드폰과 인터넷, SNS, 디지털미디어를 활용한다면 그리 어려운 일은 아니다. 현장 회의에 참여할 수 있는 주민은 현장으로, 현장 참여가 어려운 주민은 온라인으로 참여할 수 있다. 지역별 분야별 대표성을 갖는 주민조직의 대표와 무작위 추첨된 주민들이 일정한 비율로 참여하고, 토론하고 찬반을 의결할 수 있다. 무엇보다 중요한 것은 고양시의 중요 정책을 정확하게 공유하고, 이해하고, 토론하고, 협의할 수 있는 기회가 주어진다는 것이다. 시장은 추진하고자 하는 일을 적극 알리고 설득할 수 있다. 특혜 시비 때문에 망설였던 사업이나 갈등이 우려되는 사업이 있다면 공론장의 의사결정 과정을 통해 결정할 수 있다. 시민이 참여와 결정에 의지하며 개인적 두려움을 극복할 수 있다. 용기있는 행정을 할 수 있다. 주민도 안건을 제안할 수 있고, 주제에 따라 지역별 분야별 위원회가 분화돼 회의를 진행할 수 있다. 공론장의 가장 중요한 조건은 주제의 내용이 깊고 넓게 정확하게 공유되어야 한다는 것. 어떤 정책의 장점과 단점, 혜택과 피해까지 잘 알아야 최선의 대안을 결정할 수 있다. 사실을 정확하게 파악하면 주민은 바른 선택을 할 수 있다.

주민자치 제안

주민이 동장 추천하는 '개방형 동장 임명제'

— 행정복지센터는 주민자치 지원 조직, 기능 전환 필요

주민자치, 보상 없이 일했는데 결과가 아픔이라면

자치의 기본은 대화와 소통, 협의이다. 나를 다스리는 일은 나와의 대화부터 시작되고, 둘 셋 이 모여 뭔가를 시작하려면 끊임없이 대화해야 한다. 친구 셋이 여행 갔다가 영영 결별하는 일도 있다고 한다. 대화의 기본은 서로의 입장을 들어주는 것부터 시작한다. 하물며 이웃이 모여 동네를 운영하려면 얼마나 많은 대화가 필요할까. 예전의 동사무소 구조는 행정복지센터로 바뀌고 센터를 거점으로 주민자치회가 운영되고 있다. 주민자치회 구성원은 마을 일

에 오래 참여했던 분들과 마을에 관심을 갖고 새로 참여하는 분들로 구분된다. 모두 보상 없이 마을 일에 참여하는 적극적인 시민들이다. 주민자치회별로 형편이 다르다. 어떤 곳은 꽤 민주적인 형식을 갖추고 자발적인 프로그램을 만들어 낸다. 반면 시에서 받는 예산만 겨우겨우 쓰는 곳도 있다. 예산을 못 받으면 활동도 중지될 수 있다. 참여하는 위원이 50명 가까운 곳도 있고, 20명을 겨우 채운 곳도 있다.

공통적인 문제는 주민자치회마다 갈등과 아픔이 적지 않다는 것. 보상 없이 열심히 일하고도 돌아오는 것은 아픔이라면, 정말 하고 싶지 않을 것 같다. 그래도 꾸역꾸역 견뎌내고 있는 분들 덕분에 주민자치회는 조금씩 자리를 잡아가고 있다. 갈등 없는 민주주의는 없다고 한다. 갈등은 민주주의의 전제조건이라고도 한다. 다르게 바라보면, 갈등은 다르다는 말과 큰 차이가 없다. 다르니까 부딪치고 엇갈린다. 둘만 모여도 다른데, 수십 명이 모이면 오죽할까. 다름을 인정하고 존중하고 최소한의 협의에 이르는 길이 민주주의, 자치의 시작이다. 그러나 우리는 대부분 다름을 인정하는 첫 고개에서 무너지기 일쑤다. 나를 비롯해 우리 대부분은 다름에 대한 인식, 다름을 인정해 본 경험이 부족하다. 공교육이 원망스럽다. 사람이 살아가면서 꼭 필요한 것은 빼고 배운 것 같다.

고양의 1~2개 동 인구가 지방 소도시 전체 인구

고양은 인구 100만이 넘는 대도시다. 곧 인구 130만에 이르게 된다. 고양시 44개 주민센터별 인구는 평균 25,000명이다. 고양시 1~2개 주민센터 인구는 지방 소도시 자치단체 전체 인구(4만~5만)와 비슷하다. 인구 100만의 고양은 큰 정부다. 동 자치가 실현되어야 비로소 자치가 시작된다고 볼 수 있다.

고양시 44개 동 자치가 실현되기 위해서는 동장을 주민이 뽑아야 한다. 동장을 주민이 직접 선출하는 것이 바람직하지만 이는 헌법, 지방자치법, 선거법 등 전면적인 제도 개편이 따라야 한다. 헌법에 따르면 시장과 기초 · 광역의원까지만 직접 투표로 선출할 수 있다. 현행 제도가 허용하는 범주 안에서 동장을 선출하는 방법이 있다. 개방직 동장 임명제도이다. 시장은 공직자를 개방직으로 임명할 수 있다. 이 제도를 활용하면 주민은 공무원이나 주민 중 동장 후보를 추천할 수 있고, 시장은 주민이 추천한 동장을 임명할 수 있다. 주민이 동장을 추천하는 방법은 주민이 선택할 수 있다. 추천위원회를 구성해 대리 추천하는 방법과 주민 투표를 통해 직접 추천하는 방법도 있다.

주민자치,
공무원이 허용하는 만큼만 가능

동 행정의 기능과 역할은 많이 달라졌다. 이제 인터넷을 통해 대부분의 민원서류를 발급받을 수 있고, 행정 업무는 크게 줄었다. 동사무소의 명칭은 김대중 정부 때 주민센터로 전환됐고, 지금은 행정복지센터로 불린다. 행정복지센터는 주민생활과 가장 밀접한 기초 행정단위로 복지와 자치를 지원하는 역할을 해야 한다. 복지는 주민의 삶을 고르게 살피고, 건강하고 행복하게 살 권리를 최대한 누릴 수 있게 하는 영역이다. 복지는 결국 경제 일자리 교육 환경 문화 등 모든 분야를 아우르는 시민권과 맞닿아 있다. 행정복지센터의 공무원 몇 명이 감당할 수 있는 일은 아니다. 복지는 주민자치의 핵심이다. 복지는 목적이고 자치는 복지에 이르는 방법이다. 건강하고 행복하게 살 권리를 누군가에게 얻는 것이 아니라 주민 스스로 확장하는 것이다. 행정복지센터를 이끄는 동장은 주민이 자치를 통해 복지를 구현할 수 있도록 지원하는 역할을 수행해야 한다. 그런데 동장이 기존 공무원처럼 일한다면 자치도 복지도 성장하기 어렵다.

주민이 동장 인사에 영향을 미쳐야 주민자치 성장

예전의 동사무소 구조는 현재 이원화 되어있다. 행정업무를 담당하는 행정복지센터와 주민자치를 담당하는 주민자체센터이다. 행정복지센터의 장은 동장이고, 주민자치센터의 장은 주민자치회 회장이다. 개념과 가치의 측면에서 볼 때 우선순위는 주민자치이고, 행정은 지원조직이다. 그러나 현실은 반대이다. 동장이 대장이다. 주민자치회는 동장의 허가 없이는 주민자치센터 시설조차 마음대로 이용할 수 없다. 주민자치센터 시설관리는 동장의 권한이다. 주민자치는 다양한 주민의 여건을 고려해야 하고, 저녁이나 주말에 더 활발한 참여가 이루어질 수 있다. 그러나 공무원 일하는 시간에만 이용할 수 있다. 공무원 퇴근 후, 6시 이후에는 활용이 어렵고 주말에도 활용할 수 없다. 단순한 사례지만 현재의 자치는 공무원이 허용하는 만큼 허용된다. 공무원들에게 주민자치위원들은 자치권을 가진 주민대표가 아니다. 여전히 관리 대상 주민이다.

주민이 동장을 추천할 수 있다면 현실은 변한다. 동장이 누구보다 주민을 위해 일할 수 있고, 주민의 자치권을 적극적으로 지원할 수 있다. 주민이 직접 인사권에 영향을 미칠 수 있는 개방직 동장 임명제가 활성화된다면 주민자치를 지금보다 더 잘 실현될 수 있다. 공무원은 인사권이 핵심이다. 개방직 동장 임명제는 동장 직선제, 동 의회 구성 등 읍면동 자치제도로 나아가기 위한 과도기적 단계로 볼 수 있다. 보다 세분화된 자치를 위한 준비과정이다.

경제자치 제안

기업과 주민 더불어 잘 사는 지역순환경제

— 지역기업 육성하고, 기업 이윤 환원해 복지기금 확보

지역기업 육성의 걸림돌 특혜시비, 조례 소극적 적용

지역주민이 가장 중요하다고 생각하는 정책은 무엇일까. 여러 조사 결과를 보면 경제가 1등이다. 기업을 육성하고 일자리가 늘어날 수 있도록 해야 한다는 것이다. 지역주민은 절실한데, 정작 고양시는 이런저런 이유를 들어 기업육성을 외면한다. 가장 큰 걸림돌은 특혜시비다. 기업을 육성하는 것은 특혜라는 인식을 갖고 있다. 고양시에는 지역기업 육성 관련 조례가 있다. '고양시 지역건설산업 활성화 조례'와 '고양시 지역상품 우선 구매 조례'이다. 이들 조례

에 의하면 고양시는 공공사업을 발주할 때 지역기업을 대상으로 우선 계약을 할 수 있다. 2000만원 이하면 지역기업 우선조건으로 수의계약이 가능하고, 2000만원 이상의 발주나 나라장터 발주는 지역기업 참여에 대한 가산점을 주거나 간접적인 조건을 제시할 수도 있다. 대규모 민간 개발사업의 경우에도 지역기업과의 협약이나 부분 참여를 권장할 수 있다. 시장과 담당 공무원들의 의지만 있다면 지역기업을 얼마든지 참여하게 할 수 있다.

그러나 고양시는 지나치게 소극적이다. 조례에는 시의회와 공무원, 경제인단체 대표들이 참여하는 운영위원회를 구성해 지역기업 육성을 위한 사업을 추진할 수 있지만, 위원회를 제대로 운영하지 않고 있다. 경제인단체나 개별 기업이 나서서 조례의 적극적 집행을 요구하면 특혜를 줄 수 없다는 식으로 피해 간다. 대부분의 법과 조례는 의무 또는 권장 사항을 '할 수 있다'로 표기하고 있다. '해야 한다'가 아니다. 이럴 때는 시장이나 담당자의 의지가 결과를 좌우한다. 아쉽게도 고양시는 조례를 핑계로 지역기업육성을 외면하는 경우가 많다.

지역기업 육성해야 일자리도 생기고 세금도 늘어

지역기업을 육성하지 않으면 어떻게 지역경제를 활성화하고, 일자리를 만들 수 있을까. 고양시는 논란이 일어날 정도로 지역기업에 혜택을 주어야 한다. 지역기업이 성장해야 일자리도 생기고, 세금도 늘어난다. 특혜시비로 인한 징계가 두렵다면 운영위원회를 열고, 공론화시키고, 의회의 지원을 얻으면 된다. 담당 공무원의 판단을 넘어선 공동의 판단이라고 방어할 수 있다. 시장은 지역기업 육성 사례를 파악하고 우수사례를 만든 공무원에게 상을 주어야 한다. 공무원들이 용기를 가지고 지역기업을 우대할 수 있도록 뒷심이 되어 주어야 한다. 고양시 조례에는 기업의 의무와 책임도 명기돼 있다. 기업 이윤을 지역사회를 위해 환원하고, 지역에 재투자한 경우 가산점을 줄 수 있다. 고양시 정책으로 인해 지역기업이 매출을 올렸을 때는 수익의 일부를 지역사회에 기부하는 문화를 만들자. 지역사회는 새로운 재정을 확보할 수 있다. 이 재정은 취약계층 복지나 사회경제 투자, 지역화폐, 청년수당 등 기본수당, 필요한 곳에 투자될 수 있다. 기업육성의 결실이 다시 지역사회 곳곳으로 환원된다.

지역화폐나 청년수당은 다시 지역경제를 활성화시키고 기업과 주민이 연결되어 부를 순환시키고 확대시킬 수 있다. 지역기업육성은 지역경제를 순환시키는 시발점이다. 조례에 지역기업 간 거래실적이나 사회경제기업 거래실적이 많으면 계약을 수주할 때 가산점을 준다면 더 많은 기업 간 거래가 이루어질 수 있다. 대기업 유치만이 살길은 아니다. 법과 정책을 활용해 지역경제를 순환시키고 성장시킬 수 있다.

협동조합 마을기업 사회적기업 등 사회경제 육성 필요

고양시는 기업유치가 쉽지 않다. 일산테크노밸리가 조성되면 기업이 유치되고 지역경제가 활성화될 것으로 기대했지만 아직 요원하다. 지난해 말 일산테크노밸리 첫 분양공고가 발표됐다. 6개 필지였는데 한 필지도 분양되지 않았다. 분양가가 평당 1256만원 대였다. 이런 금액을 투자해 입주할 기업은 많지 않다. 파주와 양주 등 바로 옆 도시들은 공공산업단지 평당 분양가가 수백만 원에 그친다. 고양시 지식산업센터는 11개에 이른다. 삼송테크노밸리 일산테크노타운 등 오래전 분양된 몇 곳 빼고는 대부분 공실이다. 고양시 기업은 높은 임대료와 규제, 지역기업에 혜택을 주지 않는 행정 때문에 파주나 양주로 많이 이전하고 있다. 새로운 기업을 유치하는 것도 중요하지만 버티고 있는 지역기업을 잘 잡아야 한다. 지역기업들이 고양시 정책 덕분에 성장해야 다른 기업들도 고양으로 이전하게 된다.

협동조합, 마을기업, 사회적기업 등 사회경제 기업들의 육성도 필요하다. 이재명 대통령은 행정안전부에 사회연대경제국을 신설했고, 사회경제 육성을 위한 사회연대기본법을 제정할 계획이다. 사회경제 기업 상품에 대한 공공부문 우선 구매 촉진, 국공유재산에 대한 임차료 인하, 금융지원 등 적극적인 지원책도 준비하고 있다. 고양도 이에 발맞추어 고양시 사회경제 기업을 육성해야 한다. 사회경제기업은 기후 환경 돌봄 교육 건강 문화 공동체 등 사회적 가치를 추구하는 공익적 기업활동이 주를 이루고 있고, 노년층 장애인 청년 등 자립이 필요한 주민에 대한 일자리 지원을 목적으로 하는 경우도 많다. 사회경제가 성장한다는 것은 사회문제를 해결할 수 있는 지역의 역량이 성장한다는 것을 의미한다. 사회경제의 성장은 지역순환경제의 큰 축이다.

건강자치 제안

건강수명 대한민국 1등을 위한 도시정책

— 노년의 질병고통 줄이고 더 존엄하게 살 수 있는 도시

누구나 건강하게 오래살기를 원한다

지역주민들의 욕구 중 가장 보편적이며 절대적인 욕구는 무엇일까. 건강이 아닐까. 누구나 오래도록 건강하게 살길 원한다. 고양시는 다른 도시들보다 빠르게 초고령화 사회로 진입하고 있다. 일산신도시에 입주했던 30대~40대 젊은 층은 이제 60대~70대가 되었다. 이들이 인구의 주축이다. 이들의 건강문제는 개인의 욕구를 넘어 지역사회가 안고 있는 공동의 과제이다. 건강보험제도와 노인장기요양제도 등 노년층에 대한 생활보장이 점점 늘어나고 있는 우리사회는 건강정책이 전환되어야 한다. 질병을 치료하는 데 머

물지 말고, 질병을 예방하는 데 주력해야 한다. 질병을 예방하는 일에 국가예산이 투자된다면 국가재정 부담을 줄일 수 있다. 사실 재정보다 중요한 가치가 있다. 질병으로 인한 노년의 고통을 줄일 수 있고, 더 행복하고 존엄한 삶을 살 수 있다.

녹지 많고 운동하기 좋은 과천, 건강수명 1위

도시도 마찬가지다. 지역주민의 건강한 삶을 정책으로 지원해야 한다. 그래야 재정도 아낄 수 있고, 주민의 삶의 질도 높일 수 있다. 얼마 전 국내 도시의 건강지수를 비교한 연구결과가 나왔다. 과천이 1위였고 서초 분당 등 강남지역이 상위권을 차지했다. 고양은 30위권 밖이었다. 집값 낮은 것보다 더 기분이 안 좋았다. 건강은 돈으로도 살 수 없기 때문이다. 과천이 다른 도시들과 다른 점은 녹지면적이 압도적으로 높다는 것, 녹지를 중심으로 체육시설이 잘 되어 있어 주민들이 걷거나 운동할 수 있는 여건이 잘 갖춰져 있다는 것이었다.

주요도시의 건강수명을 비교해보면 건강지수가 높은 과천이 건강수명도 1위였다. 과천의 건강수명은 74.2세. 성남 분당 73.9세, 용인 수지 73.5세 고양 일산 70세 고양 덕양 66.6세였다. 덕양구의 건강수명이 일산동 · 서구의 건강수명 보다 평균 3.4세 짧았다. 같은 고양인데도 덕양이냐 일산이냐에 따라 건강수명이 크게 다르다. 건강에 상관관계가 있는 몇 가지 지표를 조사한 결과를 살펴보자. '건강도시 고양 중장기계획 최종보고서'를 보면 덕양구의 흡연율과 음주율은 일산동 · 서구보다 높았고, 걷기 등 운동비율은 덕양이 낮았다.

일산이 덕양보다
건강수명 평균 3.4세 높아

이 같은 조사결과는 덕양과 일산동 · 서구의 건강수명 격차가 생활방식의 격차와 상관관계가 있음을 보여준다. 주목할 부분은 걷기실천율을 포함 흡연율 음주율 지표에 대한 덕양과 일산의 차이가 시간이 지날수록 좁혀지지 않고 점점 벌어지고 있다는 점이다. 걷기실천율의 경우 일산은 증가, 덕양은 반대로 감소하고 있다. 흡연율과 음주율은 과거에 비해 3개 구가 모두 증가하는 추세를 보이고 있는데, 일산지역은 더디게 증가하는 반면 덕양은 증가추세가 타 지역에 비해 월등히 높다. 일산의 걷기 실천률이 높은 것은 호수공원, 정발산 등 걷고 싶은 공원길이 덕양에 비해 잘 조성되어 있다는 점도 영향을 끼쳤을 것이다.

건강수명은 도시의 환경과 밀접하다. 경제력 학력 등등 개인적 조건도 건강수명에 영향을 미친다. 지역사회가 주민의 건강수명을 높이기 위해서는 생활환경을 개선해야 한다. 건강수명을 높일 수 있는 도시정책을 만든다면 개인적인 조건의 차이를 극복하고 고루 건강하게 살 수 있는 기회를 확장할 수 있다. 어느 동네에서든 걷거나 운동할 수 있도록 녹지와 공원을 촘촘히 조성해야 한다. 건강교육과 공공프로그램을 통해 개인적 조건을 극복하는데 도움을 줄 수 있다. 하루 10000보를 걸으면 혜택을 주는 온라인 앱이 걷기 붐을 일으키기도 한다. 사람들은 무심한 것 같지만 작은 동기만 주어도 잘 반응하고 잘 변한다. 변화의 계기가 될 수 있는 프로그램과 정책이 중요하다.

국가정책으로
건강수명 세계 1위 올린 싱가포르

싱가포르는 세계적인 장수국가로 꼽힌다. 건강수명 세계 1위다. 원래 그랬던 것은 아니다. 국가 차원에서 녹지와 공원을 늘리고, 적극적인 공공프로그램을 운영한 결과다. 싱가포르는 국민 90%가 걸어서 10분 안에 공원에 갈 수 있는 정책을 추진했다. 350개의 공원이 조성됐고, 200km의 보행자 친화거리를 만들었다. 하루 1만

보 걷기를 달성하면 레스토랑 영화관 대중교통을 무료로 이용할 수 있는 '헬스포인트' 프로그램을 운영하고 있다. 이 프로그램에는 국민 170만 명이 참여한다. 싱가포르 인구 580만 명 중 30%가 '헬스포인트' 프로그램에 참여한다.

뿐만 아니다. 탄산음료 회사들과 협력해 설탕 함량을 줄이고, 레스토랑에 더 건강한 음식을 만들도록 요청한다. 채소와 현미 통곡물을 구입하면 정부보조금을 지원하고, 설탕과 나트륨 함량이 적은 상품에 '건강한 선택' 라벨을 부착해 준다. 국가가 제도로 국민의 건강수명을 높이고 있다.

고양도 싱가포르 같은 정책을 추진해 주민의 건강수명을 높일 수 있다. 도시숲과 공원을 촘촘하게 조성하고, 경로당 인근 공원이나 유휴공간에 쌈지숲을 만들자. 초등학교 1학년 때 건강아침식단을 제공하며 아이와 학부모와 함께 몸공부 건강공부를 할 수 있는 계기를 만들자. 병원과 보건소를 중심으로 질병을 예방할 수 있는 건강프로그램을 운영하고, 질병 예방을 위해 기여하는 병원에는 프로그램 예산을 지원하자. 영양성분과 트렌스지방, 당분, 소금 함유량을 한눈에 볼 수 있도록 체크해주고, 하루 허용량을 초과하면 경고음이 울릴 수 있는 AI건강도우미를 보급할 수도 있다. 경로당에서 아파트단지에서 마을 곳곳에서 걷기모임이 활성화 될 수 있도록 보조금을 지원하는 것도 필요하다. 주민의 건강수명을 높이는 도시정책에 대한 투자는 다른 어떤 투자보다 값지고 효과적인 투자이다.

돌봄자치 제안

경로당을 노년을 위한 서로돌봄방으로

— 1050곳 풀뿌리 마을공간의 전환, 노년층도 경제주체로

경로당, 따뜻한 밥을 같이 먹을 수 있는 곳

마을숲 시민학교 〈경로당마을숲친구들〉을 운영하며 경로당을 들여다볼 수 있는 기회가 있었다. 이 프로그램을 통해 경로당의 가능성을 느낄 수 있었다. 경로당은 보통 보수적인 유권자가 많은 공간으로 분리된다. 고집 센 노인들의 갈등 공간으로도 표현된다. 실제로 경로당은 갈등과 대립이 잦은 곳이다. 학교처럼 왕따 문화도 있다. 그러나 내가 본 경로당은 많은 가능성을 가지고 있는 곳이었다. 경로당이 없었다면 동네 어르신들은 지금보다 더 외롭고 고독

하게 살아야 했을 것 같다. 경로당에 가면 일주일에 3번 정도 따뜻한 밥을 같이 먹을 수 있다. 밥을 못 먹을 형편이어서가 아니다. 같이 먹을 수 있어서 좋다. 12시에 밥을 먹으면 11시부터 모여든다. 밥을 먹은 후에는 장기를 두는 팀, 화투를 치는 팀으로 나누어지고, 두 팀에 속하지 않는 어르신들은 그냥 집으로 돌아가거나 몇몇이 모여 이야기를 나눈다. 일주일에 한두 번은 건강보험공단에서 파견된 운동강사의 우렁찬 구령에 맞추어 몸을 쭉쭉 펴는 운동을 한다. 운동은 대부분 앉은채 한다. 서서 운동하다 뼈를 다치거나 넘어질 수 있다. 그림과 시, 춤을 배우는 시간도 있다. 모든 프로그램은 밥 먹는 시간 전후에 있다. 밥을 먹는 시간에 맞추어야 어르신들이 잘 모인다. 나이 들면 밥걱정이 크고, 밥을 중심으로 일정이 잡힌다. 〈경로당마을숲친구들〉처럼 경로당 밖으로 나오는 프로그램은 거의 없다. 가까운 숲이라도 찾아가면 어린아이처럼 좋아들 하신다.

노년의 이웃 관계는 행복과 건강에 더 직접적

경로당은 여전히 갈등과 싸움의 공간이기도 하다. 대부분의 갈등은 자존감의 대립이다. 누가 자식 자랑을 많이 하면 아니꼽다. 밥을 많이 먹는다, 적게 먹는다, 가려 먹는다, 시비를 걸면 자존심이 팍 상한다. 올해 89세 되신 나의 다정한 이웃 어르신은 아직도 재봉틀로 쿠션을 만들어 이웃들에게 선물하는 것을 낙으로 삼으신다. 허리가 굽으셨지만 어떤 날은 하루 종일 잡채랑 호박죽을 만들어 이웃에게 나누어 주신다. 내 눈에는 천사다. 그 어르신은 경로당에서 상처도 많이 받으신다. 최연장자로서 누군가의 갈등을 완화하기 위해 조심스럽게 중재에 나섰다가 한 소리 들으셨다. 언제 어떤 감정이 갈등으로 불붙을지 모른다. 천사 같은 어르신이 경로당 회원 한 분에게 호되게 당하고 힘들어하시는 모습을 잊을 수가 없다. 노년을 의지하며 살아가야 하는 경로당이 아픔을 주는 공간이라면, 얼마나 괴로운 일인가. 노년의 마을 이웃은 안 보면 그만인 관계가 아니다. 동네를 떠나지 않는 한 계속 부딪치게 되고, 연결 연결된다. 그래서 젊은 시절의 동네 이웃과는 다른 인간관계로 묶인다. 보통 노년층의 관계 맺기는 수동적이다. 경제적으로 어렵고 생활반경도 좁다. 노년의 이웃관계는 건강과 행복에 더 직접적인 영향을 준다. 반대로 생각하면, 경로당이 즐겁고 행복한 공간이라면 어르신들에겐 가족보다 친밀한 관계맺기가 가능하다.

여성 90%인데 남성이 큰방, 남존여비 경로당

경로당은 마을 마을마다 있다. 고양시 경로당은 1050곳. 아파트 단지별로 있고, 농촌마을이나 구도심에는 통별로 있다. 지역 공간 중 가장 촘촘한 공유공간이다. 경로당은 저마다 환경이 다르다. 일주일에 밥을 3번 먹는 경로당이 있고 2번 먹는 곳도 있다. 80대 이상 어르신들이 주축을 이루는 경로당도 있고, 70대도 종종 보이는 경로당도 있다. 새로 이사온 어르신이나 그간 못 보던 어르신이 경로당을 찾으면 반갑게 맞아주는 곳도 있고, 싸늘한 곳도 있다. 남성 회장님 한 분이 장군처럼 좌우하는 경로당이 있고, 여성 회장님이 사랑방처럼 재밌게 운영하는 곳도 있다. 회원 50명 중 남성이 5명이어도 남성 어르신 방이 여성 어르신 방보다 큰 경우도 있다. 여성 회원의 비율이 80~90%인데도 대부분의 회장은 남성이다. 경로당은 남존여비 문화가 남아있는 몇 안 되는 공간이다. 경로당이 보편적으로 즐겁고 행복한 공간이 되기 위해서는 민주화가 필요하다. 서로 다름을 배려하고 존중하는 문화가 필요하고, 이 문화를 만들기 위한 세밀한 운영 매뉴얼이 있어야 한다. 교육과 실습도 필요하다.

할머니 음식과 할아버지 택배, 노년도 경제주체

경로당을 보면 욕심나는 일이 있다. 어르신들의 재능과 역량을 마을경제활동으로 연결하고 싶다. 여성 어르신들은 평생 음식을 만드셨으니 저마다 요리전문가 아니신가. 일주일에 한번 요리를 만들어 동네 주민들에게 판매하면 잘 팔릴 것 같다. 회원들 간에 서로 팔고 살수도 있고. 할머니들이 만든 음식을 할아버지들이 배달하고, 조금 기술이 쌓이면 경로당 택배마을기업 출범! 사회경제 기업들이 지원하고 연대하면 멋진 마을경제 모델을 만들 수도 있다. 약간의 수입만 생겨도 일주일 3번이 아니라 일주일 내내 밥을 편하게 드실 수 있다. 노년층은 이제 도움을 받는 대상이나 경제를 깎아 먹는 대상이 아니다. 초고령사회의 노년은 경제의 한 축이 되어야 한다. 고양시 1050 곳의 경로당에서 생산적 경제활동이 이루어진다면 얼마나 신나는 변화가 찾아올지 설렌다.

마침 국가적으로도 큰 변화가 오고있다. 통합돌봄법이 제정되고 올해 3월부터 시행된다. 장기요양급여 지원 대상자가 아닌 노년층 중 도움이 필요한 노년층을 지역에서 돌보도록 지원하는 법이다. 복지기관 행정기관 의료기관 사회경제 기업 등 다양한 주체들의 협업이 필요하다. 특히 의료기관의 경우 경로당을 정기적으로 방문해 진료하고, 질병 예방을 위한 건강프로그램을 진행한다면 효과적인 의료돌봄을 이룰 수 있다. 지원대상은 노년층에서 시작해 장애인 어린이 등 도움이 필요한 계층으로 확대될 예정이다. 통합돌봄이 진행되면 돌봄의 주체는 마을이 된다. 가능하면 작은 단위로 분화돼 촘촘한 돌봄이 이루어질 수 있어야 한다. 촘촘한 돌봄공간이 필요하다.

누구나 돌봄 대상, 연결되고 순환되는 '서로돌봄'

경로당이 딱 좋은 돌봄 공간이다. 마을경로당이 기초 서로돌봄방을 이루고, 주민자치회와 지역복지관, 사회경제가 연계된 거점 서로돌봄센터, 고양시서로돌봄단이 연결되면 촘촘한 뿌리와 줄기, 가지를 만들 수 있다. 돌봄은 일방적이지 않다. 청년들도 모두 나이 든다. 돌봄이 필요할 때가 온다. 노년기라 해도 경제주체가 될 수 있고, 돌봄 자체가 경제적 가치를 창출한다면 노년기는 경제를 굴리는 한 주체이다. 노년층이 다른 계층을 돌본다고 여길 수 있다. 돌봄은 연결되고 순환되고 확장된다. 그래서 통합돌봄보다는 서로돌봄이 맞는 말이다. 서로돌봄을 통해 노년층이 당당하게 생활하는 마을을 만들었으면 한다.

고양은 노년층 인구가 점점 늘고 있다. 노년층을, 돌봄을 지역순환경제로 연결해야 한다. 경로당을 생산적 복지공간으로 리모델링해야 한다. 개방적이고 활기 넘치는 돌봄공간으로 다시 태어나야 한다. 경로당 서로돌봄방은 최소한의 투자로 효과를 볼 수 있는 공간이기도 하다. 남자 여자 방을 트고 카페처럼 도서관처럼 머물고 싶은 공간으로 리모델링 할 수 있다. 경로당이 서로돌봄방으로 활성화 된다면 경로당의 문화는 개방되고, 경로당의 민주화는 찬찬히 확산될 수 있다. 그동안 경로당 주변을 배회하거나 거리를 두었던 어르신들도 경로당을 자연스럽게 찾아올 수 있다. 마을에서 서로가 서로의 소식을 들을 수 있고, 어떻게 살고 있는지를 알고 있다는 것은 동네에서 이웃을 의지하며 안전하게 살 수 있다는 것이다. 노년이 오면 절실한 문제이다. 서로돌봄정책으로 이 절실함을 함께 풀어나갔으면 좋겠다.

기후자치 제안

1인당 숲 2.5평에서 5평으로, 250만평 확대

— 창릉천 국가정원 추진, 햇빛발전소 조성

25년 8월 고양시 폭우 피해 65% 지하 · 반지하주택

기후위기시대에 가장 중요한 자치는 기후자치이다. 지구온난화는 세계의 문제이자 마을의 문제이다. 지구온난화에 대응하는 일은 마을에서 시작해야 시작된다. 기후위기 문제는 지금 바로 여기의 문제가 됐다. 기후위기에 대응하는 일은 주민의 생명과 건강을 지키는 일, 도시의 경쟁력을 높이는 일이다. 이제 도시숲의 면적, 햇빛에너지 생산량, 탄소배출량이 살기좋은 도시의 지표가 된다.

25년 8월 중순, 몇 시간의 폭우로 고양시 곳곳이 잠겼다. 도로는 물바다가 되고, 차는 멈췄고, 지하주택엔 물이 찼다. 몇 시간 더 쏟아졌다면, 도시는 마비되고 사람도 죽겠구나, 두려움이 엄습했다. 잠깐의 폭우에도 피해는 컸다. 가장 큰 피해는 지하주택 주민들에게 닥쳤다. 고양시 주택 상가 피해사례는 446건이었다. 이중 268건 65%가 지하, 반지하 주택 피해였다. 탄소배출은 소비가 많은 부유층에서 더 많이 발생하는데, 피해는 저소득층에게 몰린다. 탄소배출이 가장 높은 미국은 안전하고 탄소배출이 거의 없는 아프리카 국가들이 큰 피해를 입는 것과 마찬가지다. 기후위기 문제는 특정한 계층에게 더 가혹하다.

폭염 낮추는 숲,
한여름 정발산 28도, 강촌마을 32.5도

예측할 수 없는 폭염과 폭우가 번복되며 사람과 도시, 자연의 생태계가 한꺼번에 흔들리고 있다. 기후위기 문제에 대응하는 방안 중 하나는 생활권 주변의 마을숲을 촘촘하게 살리는 일이다. 마을숲은 도시의 온도를 낮추고, 탄소와 미세먼지 빗물을 흡수하고, 맑은 공기를 내뿜는다. 건강과 안전의 녹색보루다. 고양의 마을숲은 지구의 건강을 지키는 안전지대의 역할도 한다. 40년 생 나무 한 그루는 연

35.7g의 미세먼지를 흡수한다. 공기청정기를 2시간 가동했을 때 흡수하는 미세먼지가 0.018g이다. 플라타너스 한 그루가 흡수하는 대기열은 에어컨 8대를 5시간 가동한 효과가 있다. 비교해 보면 마을마다 나무 한 그루 더 심는 것이 현실적인 대안이다.

숲은 도시의 열섬을 방지하고 평균 온도를 낮춘다. 2025년 8월 1일 한여름 낮 12시의 고양시 온도를 비교해 보자. 정발산 숲의 온도는 28도였고, 인근의 마두동 강촌마을 온도는 32.5도였다. 숲의 온도가 아파트단지보다 4.5도 낮았다. 같은 시간, 북한산 숲 온도는 27도였고, 삼송18단지 아파트 온도는 31.5도였다. 북한산이 4.5도 낮았다. 숲은 도시의 온도를 낮추는 데 막대한 기여를 하고 있다. 우리는 한여름 무더위에도 숲속에 들어가면 시원함을 느끼면서도 집안에서 에어컨을 세게 틀고 여름 가기를 기다린다. 집 근처에 숲이 있다면 한여름 무더위에 숲으로 가는 일이 더 쉬워지지 않을까.

고양시 1인당 도시숲 2.5평 하위권, 서울은 4평

고양시 숲 면적은 얼마나 될까. 2023년 고양시 도시숲 면적은 1인당 8.2㎡였다. 2.5평 정도다. 서울의 도시숲 면적은 1인당 13.15

m²나 된다. 4평이나 고양시보다 두 배 가까이 넓다. 서울시 도시숲 면적이 높아진 것은 인구는 줄고, 공원과 녹지는 더 확보했기 때문이다. 특히 서초구는 1인당 숲 면적은 11평이 넘는다. 서초구는 지난해 건강지수 조사에서 3위를 기록했다. 수도권 주요 도시의 1인당 도시숲 면적을 비교해 보면 성남 용인 수원 모두 11m²를 넘는다. 고양시는 경기도 내 최하위권이다. 호수공원과 북한산 등 큰 도시숲이 있고 공원도 비교적 잘 갖춰져 있다고 생각했는데, 실제 숲 면적은 다른 도시에 비해 좁았다. 개발사업이 추진될 때마다 숲이 사라진 결과다. 숲 면적은 이제 안전과 건강의 지표이다. 고양시민 1인당 도시숲 면적을 1인당 2.5평에서 5평으로 늘려보자. 250만 평의 도시숲을 추가로 확보하는 프로젝트를 만들자. 도시숲은 생활권 거주지 인근에 촘촘하게 만들어야 한다. 도시의 공유공간이나 유휴공간에 작은 숲을 조성하고, 나무는 시민의 참여로 심어보자. '고양시민 나무 한 그루 갖기 캠페인'을 통해 도시 곳곳을 '시민의 나무숲'으로 울창하게 가꾸어 가면 좋을 것 같다. 나이 들면 이 나무가 삶을 위로할 수 있고, 자녀들에게 대대로 물려줄 수도 있다.

개명산 자연휴양림 신청, 지하가구 이전대책도 필요

고양의 산과 하천을 아름답게 가꾸고, 자연휴양림과 치유의 숲도 조성해야 한다. 우선 골프장으로 사라질 위기에 처한 산황산을 '고양치유의 숲' 1호로 만들자. 이미 사업허가가 나간 데 대한 문제는 사업자와 협의를 통해 대안을 마련할 수 있다. 북한산에서 발원해 덕양구 대부분의 도시를 거쳐 한강으로 흐르는 고양의 큰 줄기 창릉천을 경기도 지방정원을 거쳐 국가정원으로 신청하자. 호수공원이 일산의 건강수명을 높이는 데 기여하듯, 창릉천은 덕양의 건강수명을 높이는 데 기여할 수 있다. 고양의 산 중 자연림 식생이 가장 우수한 개명산 숲을 자연휴양림으로 조성하고 고양시민의 산림복지공간으로 만드는 일도 필요하다.

햇빛협동조합처럼 자연에너지를 이용하는 기업을 육성하자. 학교 아파트 공공청사 공용빌딩에 태양열 에너지시설을 설치하고, 햇빛에너지 마을, 햇빛에너지 발전소를 건립해 미래에너지를 자급할 수 있는 체계를 만들어야 한다. 침수피해가 큰 지하·반지하주택을 가구들이 점진적으로 이전할 수 있는 주거단지 조성도 필요하다. 기후위기 자치는 주민의 생명과 건강, 안전 그리고 도시의 경쟁력이다. 삶과 도시의 전환을 위한 자치를 준비해야 한다.

부록

고양신문을 떠나며

마지막 '발행인의 편지'

지역은 참으로 깊고 넓은 세상

고양신문 발행인 **이영아**

고양신문을 떠납니다. 스물다섯에 입사해 34년 동안 고양신문에서 일하며 고양신문과 한 몸처럼 살았습니다. 고양신문은 제게 직장을 넘어, 하고 싶은 일을 마음껏 할 수 있는 자유로운 작업장이었습니다. 상상을 현실로 만드는 공간이었습니다. 그리고, 좌절의 공간이기도 했습니다. 일과 돈과 꿈이 실현되는 직장을 만들고 싶었지만, 일은 많고 돈은 부족했습니다. 꿈은 많았지만, 현실은 허약했습니다. 그럼에도 불구하고 꿋꿋하게 버텨온 시간들 덕분에 36년의 결을 가진 나무로 자랐습니다. 시련과 고비, 외압에 버틸 수 있는 뿌리를 내리고 줄기를 세웠습니다. 거센 바람이 몰아치면 흔들리긴 하지만 넘어지진 않습니다.

고양신문이 시청에서 주는 광고에 의존하는 신문이었다면 이미 넘어졌을 겁니다. 고양시가 고양신문 광고비를 0원으로 삭감했을 때, 그때부터 흔들렸을 테고, 3년이 지난 지금쯤은 뿌리가 뽑힌 채 넘어졌을 겁니다. 언론의 비판을 돈줄 끊기로 응대하며 무력화시키려는 몰상식한 지역 권력의 마당에서 쭉 뻗어버렸을 겁니다. 비판을 멈추고 타협함으로써, 언론의 생명력을 잃거나, 돈줄 외압에 버티다 버티다 발행을 중단했을 겁니다.

고양신문은 비판 기능을 멈추지 않았습니다. 힘겹지만 줄기차게 신문을 발행합니다. 우리가 걱정하는 것은 외압 때문에 우리가 과잉비판하지는 않나, 하는 언론으로서의 자기검열입니다. 고양신문이 받는 외압이 사실보도에 영향을 미치지 않도록 추스리고 있습니다. 그 어떤 외압도 시민의 알 권리에 영향을 미쳐서는 안 되기 때문입니다.

고양신문이 외압에 굴하지 않는 바른언론으로 우뚝 설 수 있었던 것은 구독해주시고 광고해주시고 지지해주신 지역주민 덕택입니다. 고양신문은 독자께 의지하며 일과 돈과 꿈이 실현되는 일터를 향해 계속 갈 것입니다. 고양신문의 성장을 지역사회를 움직이는 소통의 힘으로 연결할 것입니다.

상상해봅니다. 고양신문 독자가 10만명이라면… 종이신문 독자와 유튜브 고양신문 독자, 온라인 고양신문 독자를 합하면 10만 독자는 꿈이 아니라 현실이 될 수 있습니다. 고양시 100만 시민의 10%, 10만명이 소통한다면 지역사회는 거대한 소통의 물결을 일으킬 수 있습니다. 지역사회를 움직이는 연대의 물결이자, 한국 언론의 새로운 장을 여는 혁신의 물결입니다. 생각만 해도 가슴 벅찬 10만 독자의 연대를 향해, 다시 꿋꿋하게 시작합니다.

저는 독자로서, 10만 독자의 연대에 참여합니다. 발행인과 대표이사 자리를 내려놓습니다. 저는 고양신문을 발행하는 내내 더 나은 삶, 더 나은 도시를 위한 변화를 고민했습니다. 신문에 담는 것만으로 모자랄 때는 신문 밖에서 실행했습니다. 포럼을 만들고, 강좌를 열고, 책 읽기 캠페인을 진행하고, 마을숲에 가는 모임을 만들고, 걷기축제를 열고… 원 없이 실험하고 실행했습니다. 그러나, 저의 성향과 지향이 고양신문을 일과 돈과 꿈을 이루는 일터로 만드는 데 장애가 될 수 있겠다는 생각을 하게 됐습니다. 저는 고양신문이 10만 독자를 향한 꿈을 이룰 수 있도록 지지하기로 했습니다. 한 몸처럼 살았던 고양신문에서 저를 분리하는 과정은 쉽지 않았습니다. 제일 큰 유혹은 아쉬움과 후회입니다. 잘 하진 못했어도 원 없이 했구나, 온전히 했구나 하는 위로로 아쉬움과 후회를 밀어냅니다. 고양신문도 저도 더 나은 길을 갈 것입니다.

87민주화운동 세대인 저는 지역신문을 통해 소통하고, 소통을 통해 사회를 바꾸는 일을 하겠다고 생각했습니다. 지역이 바뀌어야 나라도, 세상도 바뀔 수 있다고 여겼습니다. 지역은 제게 참으로 깊고 넓은 세상이었습니다. 34년을 파고들어도 샘물처럼 새로운 가치들이 넘쳐흘렀습니다. 중앙지의 독자였던 시민을 고양신문의 주인공으로 인터뷰하며, 세상에서 제일 존엄한 사람을 마주하는 기쁨을 누렸습니다. 고양신문이란 바다에서 자유롭게 헤엄치며 행복했습니다. 더없는 영광이었습니다.

저는 고양신문에서 꿈꾸었던 일을 신문 밖에서 계속 이어갑니다. 아직 공간은 정해지지 않았지만 어디에서든 더 나은 삶, 더 나은 도시를 위한 프로그램과 정책, 제도를 만드는 일을 하렵니다. 그 어떤 정책과 제도도 시민의 소통이 뒷받침되지 않는다면 한 걸음도 나아갈 수 없음을 깊이 새기며, 지역사회를 움직이는 힘은 소통에서 발원됨을 각인하며 살겠습니다. 10만 독자의 연대에 힘을 보태겠습니다. 고양신문 안팎에서 함께 해주신 모든 분께 34년이 응집된 마음의 인사를 올립니다. 하염없이, 고맙습니다.

이영아 대표를 떠나보내며

공공의 선을 추구하는 시민 이영아

박영신 고양포럼 상임대표(연세대 명예교수)

우리가 귀히 여기는 이 도시의 신문, 〈고양신문〉에서 서른네 해 동안 기자로, 발행인 겸 대표이사로 몸 바쳐 일해온 이영아님이 그 일터를 떠난다고 하는 소식에, 쉽게 가누지 못할 서운함 어쩌지 못합니다. 그는 '〈고양신문〉 사람'으로 이 신문의 존재 이유를 표상한 상징이자 대표였습니다. 이른바 정론이라고 부를 만한 매체를 찾기 어려운 이 어두운 시대에 〈고양신문〉은 정론의 횃불이었습니다. 그런데 그가 이 신문을 떠난다고 합니다. 섭섭함, 이를 데 없습니다.

하지만 우리는 안도합니다. 그가 공공의 마당에서 퇴거하지는 않는다고 하기 때문입니다. 공공의 선을 위해 일해온 사람으로 공공의 마당을 떠난다고 하면 이는 자기다움의 부정입니다. 그는 결단코 공공의 마당을 떠나지 못하며, 공공의 마당을 떠나지 않는다고 합니다. 크나큰 안도입니다. 그렇습니다. 그는 공공의 영역을 떠날 사람이 아닙니다.

우리는 고양을 사랑합니다. 고양을 사랑하는 사람은, 더 나은 고양을 목말라합니다. 우리는 고양을 자랑스럽게 여깁니다. 고양을 자랑스럽게 여기는 사람은 지켜야 할 삶터를 지킵니다. 우리는 고양을 위해 일하고자 합니다. 고양을 위해 일하는 사람은 공공의 공간에 함께 참여합니다. 국가 수준에서 일하고 범세계 공동체 수준에서 일한다고 하더라도, 고양에 사는 한 우리의 삶터 고양의 공공 공간에서 함께 만납니다. 고양 사람으로, 고양 주민으로, 고양 시민으로 고양을 위해 함께 생각하고, 함께 일하고, 함께 싸웁니다. 함께 참여합니다. 우리는 그 참여의 안목과 의지를 값지게 생각합니다.

이영아님은 이 '참여의 안목과 의지'를 가진 시민다움의 본보기입니다. 하여, 그는 고양을 사랑하는 사람들, 고양을 자랑스러워하는 사람들, 고양을 위해 일하고자 하는 사람들과 함께할 것입니다. 그렇고 그런 통례의 도시를 흉내 내는 비속한 저질 의식의 굴레에서 벗어나, 고양을 더욱 아름답게 가꾸어 살맛 나는 고장으로 만드는 그 일 맨 앞에 설 것입니다. 이영아님은 이 고양 시민 모두의 일에 부름을 받았다는 소명 의식을 결단코 저버리지 못할 것입니다.

제가 기회 있을 때마다 하는 말입니다. 일산 호수공원만 보고 은퇴하자마자 이 고장으로 삶터를 옮겼는데 뜻하지 않게 좋은 사람들, 호수보다 더 넓은 생각을 하고 호수보다 더 깊은 생각을 하는 고양 시민들을 만났습니다. 〈고양신문〉 사람들을 만났고, 〈고양 포럼〉 사람들을 만났고, 〈시민의 생각〉 사람들을 만났습니다. 자칫 둔감해질 저에게 이들 '생각의 사람들'은 삶을 새기며 삶을 바꾸도록 끊임없이 생각하게 한 정다운 시민이자 친우였습니다. 같은 시대에 같은 동네에서 이러한 분들을 만나 함께 어울려 사는 삶, 그것이 복이 아니면 무엇이 복이겠습니까? 이 복된 삶의 역사 한가운데 이영아님이 있었습니다.

그는 공공 의식에 투철한 시민다운 시민입니다. 자기 몰입의 질병에 시달리고 있는 이 황폐한 병든 세상에서 실로 만나기 힘든 '드문' 공익 추구자이고 공익 실천가입니다. 그는 너그러운 동무이자 박력 있는 활동가이며, 친근한 동료이자 단호한 지도자입니다. 그는 어려운 일을 마다하지 않으며 무거운 일을 두려워하지 않습니다. 이영아님은 부드러운 전사이고 당당한 전사입니다. 좁게 자기 이익을 구하지 않고 널리 공동체의 이익을 추구하는 으뜸 시민입니다.

이는 부풀린 가공된 이야기가 아닙니다. 스무 살 안팎의 대학생으로, 신문사 일꾼으로, 그리고 대학원생으로 갈고 닦아온 살아있는 삶의 이야기입니다. 그는 출랑거리지 않으며 덤벙대지 않습니다. 그는 지긋하며 그는 차분합니다. 그의 끈질김, 그의 무던함, 그의 한결같음, 그의 철두철미한 공공 의식과 책무감, 그에게서만 찾아볼 수 있는 삶의 품격입니다. 그와 함께했던 신문사의 동료들은 지나온 세월을 새김질하며 더욱 분발할 것입니다. 예리한 붓끝을 더 날카롭게 갈고 또 갈 것입니다. 〈고양신문〉의 명예로운 전통을 더욱 굳건히 다져갈 것입니다.

오늘, 우리는 〈고양신문〉을 떠나는 이영아 대표의 발걸음에서 아쉬움을 주체하지 못하지만, 그가 공공의 마당에서 여전한 빛을 발할 보석으로 남을 것이기에 우리는 함께 뿌듯해합니다.

우리는 마음 모아 그의 길을 응원하고 후원합니다. 그는 어제처럼 이제도, 아니 올제도 즐거워하는 자들과 함께 즐거워하고 우는 자들과 함께 울 것입니다. 그는 우리의 든든한 친구입니다. 우리의 미더운 이웃, '참 이웃'입니다.

고양신문 이영아 대표 퇴임기사

알바로 시작, 국내 대표 지역언론 키워

김진이 전문기자

"고양시는 신문이 없던 시절, 지역은 서울의 이야기에만 사로잡혀 있었습니다. 고양신문이 생기고 나서야, 고양시의 행정과 이웃의 삶이 보이기 시작했습니다. 신문은 소통의 통로입니다. 민주주의는 소통입니다."

고양신문 창간 36주년 기념식을 겸해 이영아 대표 퇴임식이 열렸다. 중앙언론 중심의 한국사회에서 지역언론 시대를 연 1세대 지역언론인 이영아 대표의 퇴임은 지역 안팎으로 많은 울림을 주었다. 지난 21일 풍동 YMCA에서 열린 퇴임식은 단순한 기념행사를 넘어, 지역언론과 지역민주주의의 어제와 오늘을 읽어볼 수 있는 시간이었다. 25살에 입사해 고양신문과 한 몸처럼 살았던 이영아 대표의 34년 인생을 퇴임 인사를 통해 정리해본다.

32세, 1억5천 부채 안고 신문 지키다

1990년, 이영아 대표와 고양신문의 인연은 우연에서 시작됐다. 학생운동에 열중했던 대학 4학년 겨울에 엄마가 중풍으로 쓰러져 반신마비 상태가 되었다. 모든 활동을 중단하고 1년 가까이 엄마를 간호했지만 다음 해 엄마가 돌아가셨다. 학생운동에서 사회운동으로 진출을 준비하며 잠시 아르바이트라도 해보자는 마음으로 114에 전화를 걸었다. 어렸을 때부터 꿈이었던 기자 생활을 경험하고 싶어 고양시에 있는 신문사 이름을 알려달라고 했고, 안내원은 고양신문 전화번호를 알려줬다. 그렇게 알바 기자로 시작한 고양신문 일이 34년 줄기차게 이어졌다.

고양신문의 초창기는 끝없는 위기의 연속이었다. IMF 사태가 일어났던 1988년 급여가 10개월 넘게 밀렸고 직원들은 하나둘 떠났다. 기자 한 명과 자신만 남은 상황이었다. 이은만 전 발행인은 직원들의 밀린 급여를 해결하고 고양신문을 계속 살릴 수 있는 사업가를 물색했다. 문기수 북한산 조경 대표가 고양신문을 인수하게 되었다. 그러나 1년 동안 1억5000만원의 적자가 쌓였다. 문기수 대표는 적자신문을 계속 운영하기 어려우니 다른 사업자를 찾아보자고 했다. 회사는 다시 매각 위기에 처했다. 당시 편집장을 맡고 있던 이영아 대표는 고양신문이 자꾸 매각되는 현실이 마음 아팠다. 온 힘을 다해 만드는 신문인데, 주인 없이 떠도는 것 같아서 자존심이 상했다. 그래서 문기수 대표에게 말했다.

"차라리 저한테 주세요. 저는 신문은 만들 수 있잖아요. 급여는 못 받아도 신문은 계속 만들고 싶어요."

문기수 대표는 당돌한 청년 이영아의 제안을 쾌히 받아줬다. 인수자금은 0원, 대신 1억5000만원의 부채를 안는 조건이었다. 돈도 경영 경험도 없었지만, '신문을 계속 만들어야 한다'는 절실함 하나로 부채를 떠안았다. 이영아 대표는 본인의 퇴직금 1000만원을 우선 출자하고, 윤주한 전 발행인 등 시민주주들과 함께 7800만원의 자본금을 모아 주식회사를 설립했다. 이후 고양신문은 만성적인 적자에서 벗어나며 규모를 키웠고, 지금은 국내 지역신문 가장 큰 규모로 성장했다. 무엇보다 권력이나 외압에 흔들리지 않고 정론을 펼치는 바른 언론으로 뿌리를 내렸다.

이영아 대표는 퇴임사에서 신문을 창간한 초대 발행인 나진택 목사, 가장 힘든 시기를 이끈 이은만 전 발행인, 시민주 고양신문의 상징 윤주한 전 발행인을 차례로 소개했고, 사과나무의료재단과 지역농협 등 고양신문의 가치에 투자해준 지역기업인들에게 감사의 인사를 전했다. 고양신문을 구독해주고, 광고를 내주고, 후원해준 수많은 지역주민들 덕분에 고양신문이 성장할 수 있었다고 머리를 숙였다.

보도 넘어 공론장, 공공프로그램에 열중

삼송초와 고양중학교를 다닌 이영아 대표는 고양에서 나고 자란 토박이다. 기자로 시작해 편집장을 거쳐 대표이사로 올라선 34년의 여정은 그 자체로 고양신문의 역사이자, 한 여성 언론인의 치열한 기록이다.

그의 활동은 언론에만 머물지 않았다. 신문사 운영이 늘 빠듯했지만, 어린이 책읽기 프로그램과 어르신 건강을 챙기는 마을숲친구들 프로그램을 운영했고, 청소년들의 꿈을 응원하는 축제도 열었다. 호수공원과 한강, 북한산을 잇는 걷기축제를 18년 동안 이어

왔다. 친목 단체는 챙기지 못해도 홀트학교, 지역복지관, 장애인기관 등 여러 복지기관 일에 오랫동안 참여했다.

'바른지역언론연대' 회장을 맡아 한국 지역언론의 성장을 위해 일했고, 더불어민주당 언론개혁 특위 세미나 등 언론개혁을 위한 자리에서 지역언론 육성의 필요성을 강조했다. 한국사회 언론개혁은 대안언론, 지역언론 육성을 통해 가능하다는 논리를 제시하며 노무현 정부 때 제정된 지역신문발전특별법을 일반법화 하는 데 크게 기여했다.

지역언론,
민주주의 실현 위한 소통의 통로

이영아 대표는 보도의 영역을 넘어 삶에 영향을 미치는 공공프로그램에 각별한 관심이 있었다. 어린이들의 책 읽기를 지역사회가 응원하는 프로그램인 스무고개 북클럽은 매년 방학 때마다 5000여 명의 어린이들이 참여하는 책 읽기 축제가 됐다. 책을 한 권 읽을 때마다 엄마가 스티커를 붙여주고, 40권의 책을 읽으면 작은 선물을 주는 이 프로그램 때문에 수많은 아이들이 스스로 책을 읽고 있다.

이영아 대표는 지역신문의 핵심가치를 '사람과 소통'이라고 말했다. 언론사 대표이사면서도 '부고 기사'만은 직접 썼던 그는 고양신문에서 일하며 한 사람 한 사람의 이야기를 담는 것이 가장 재밌고 귀하게 여겨졌는데, 한 사람의 삶에 대한 마지막 기록을 하는 일은 얼마나 귀하겠냐며, 그 일을 자신이 할 수 있다는 영광스러움에 부고 기사는 직접 쓰고 싶었다고 한다.

이영아 대표는 또 고양포럼, 고양경제포럼 등 포럼을 조직하고 다양한 토론회를 기획하며, 여론의 광장을 만드는 데 열중했다. 그는 시민들의 삶에 영향을 미치는 정책이 주로 행정과 정치의 영역 안에서 결정되고 있다며 행정가와 정치인, 시민들이 모여 정확한 정보를 공유하고, 토론하고, 협의하고, 함께 결정할 수 있는 구조가 절실하다고 말했다. 풀뿌리 민주주의가 실현될 수 있는 공론장의 역할은 그가 고양신문에서 이루고 싶은 가장 큰 꿈이었다.

앞으로 시민과 정치의 간극 좁히는 데 기여

고양신문을 떠나 어떤 일에 참여할지에 대한 방향도 언급됐다. "이제 시민의 자리에 서고자 합니다. 시민의 자리에서 시민과 정치의 간극을 좁히는 데 기여하겠습니다. 정치는 시민의 삶을 좌우하는 일입니다. 그럼에도 불구하고 시민은 정치를 멀리하고, 정치는 시민의 참여를 자유롭게 받아들이기 어려운 구조입니다. 시민도 정치도 서로의 문을 활짝 열고, 자유롭게 넘나들었으면 합니다. 시민의 정치참여로, 시민과 정치의 협업으로, 도시를 변화시키고 시민의 삶을 변화시키는 일이 지속됐으면 합니다."

고양신문은 권력과 자본으로부터 자유로운, 전국에서 몇 안 되는 풀뿌리 언론으로 평가받는다. 이제 박경만 발행인, 권구영 대표이사 체제로 새 출발을 알린 고양신문은 '10만 독자의 연대, 소통의 힘'이라는 슬로건 아래 다음 36년을 향한 첫걸음을 디뎠다. 이영아 대표가 일궈낸 고양신문은, 그의 발자취 위에서 더 단단히 걸어갈 것이다.

"신문은 지역의 민주주의를 살리는 소중한 통로입니다. 작은 목소리 하나하나를 귀하게 담아낼 때, 비로소 공동체가 살아납니다."